JIMI HENDRIX

por ele mesmo

ATENÇÃO FÃ-CLUBES

UM CONVITE AO INTERCÂMBIO

A Martin Claret Editores tem especial interesse de conhecer mais de perto o universo dos fã-clubes no Brasil. Sabemos que são muitos e que se voltam para as mais variadas classes de ídolos (músicos, atores, escritores, esportistas, políticos, etc). Temos o objetivo de recolher informações mais específicas e, dessa forma, identificar os fã-clubes de acordo com suas áreas de enfoque e a maneira como atuam.

Se você pertence a um fã-clube, entre em contato conosco. A partir desde contato, poderemos direcionar nossas publicações no sentido de melhor satisfazê-lo. O nosso intercâmbio pode vir a se tornar ainda mais efetivo: assim como ocorreu na produção de ELVIS, LENNON, RAUL SEIXAS, o fã-clube pode ser um importante colaborador na edição de uma boa obra sobre o seu ídolo, cuidando dessa maneira para que o livro seja o mais fiel possível à sua vida e obra

Escreva ou telefone para:
MARTIN CLARET EDITORES
Rua Alegrete, 62 - Sumaré
CEP 01254 - Cx Postal 9897
Telefone: (011) 262-8144
FAX: (011) 263-7146
São Paulo - SP

LIVRO CLIPPING

JIMI HENDRIX

por ele mesmo

EDIÇÃO MARTIN CLARET ILUSTRADA

Coleção

O AUTOR POR ELE MESMO

LUIZ MARTINS - *pesquisador, tradutor e organizador deste livro, é paulista, 43 anos. Cursou a Faculdade de Farmácia e Bioquímica da Universidade de São Paulo. Durante muitos anos foi professor de inglês e fotógrafo-produtor de audio-visual. Atualmente trabalha como tradutor e músico. Escreveu livros de contos de ficção.*

AGRADECIMENTO - *Agradecemos às pessoas físicas e jurídicas — pesquisadores, jornalistas, escritores e diretores de empresas jornalísticas e de televisão — o apoio direto ou indireto que ofereceram à realização deste livro. Sem a solidariedade profissional e humana destas pessoas, este projeto editorial não teria sido possível. A todos, nosso muito obrigado.*

PROJETO GRÁFICO/MIOLO
J. C. Bruno

CAPA
Criação
José Duarte Teixeira de Castro
Fotolitos
OESP

MIOLO
Copy desk
Cristina Miranda Bekesas
Revisão
Marcos D. Agathão

Digitação
Luiz Guilherme Gonzáles
Editoração Eletrônica
Bypress Comunicação Ltda.
Direção de Arte
José Duarte Teixeira de Castro
Fotolitos das Fotos
Cyrnil
Fotolitos em Editoração Eletrônica
Scritta
Papel
Off-set
Impressão e Acabamento
Cromosete Gráfica

EDITORA MARTIN CLARET
Rua Alegrete, 62 - Bairro Sumaré - CEP 01254-010
Tel.: (0xx11)3672-8144 - Fax: (0xx11)3673-7146 - São Paulo - SP
www.martinclaret.com.br
comercial@editoramclaret.com.br

JIMI HENDRIX
ÍNDICE

PREFÁCIO
DO EDITOR

O Propósito da Coleção

O AUTOR POR ELE MESMO*

Martin Claret

Estudos da História moderna têm revelado que somos uma civilização construída sobre os fundamentos da escrita. O homem, no seu aspecto histórico-cultural, tem sido grandemente um produto do livro.

Um recente relatório da UNESCO, sobre o hábito da leitura no mundo, conclui que nenhum outro processo de comunicação — inclusive o eletrônico — é instrumento mais adequado de treino mental e fortalecimento do poder da imaginação do que o contato humano com o material impresso de boa qualidade: o livro.

Educadores e cientistas sociais têm constatado que, ao lado da informação de massa, vem se desenvolvendo a "moderna sociedade instruída" — uma sociedade que não só garante a todos uma instrução básica, mas também se preocupa com o ensino dos adultos.

No mundo de hoje e no de amanhã, jamais deixaremos de ser alunos. O educador moderno está aperfeiçoando esse ideal de educação permanente,

* A partir deste número os volumes passarão a sair com capa nova — mais modernas e graficamente valorizadas.

em jovens e adultos. Neste contexto educacional, o livro é o instrumento fundamental.

Aqui ousamos futurar, com o mestre Antônio Houaiss, fazendo nossas as palavras que ele escreveu para o magnífico prefácio de A Construção do Livro, *de autoria de Emanuel Araújo: "(...) o livro, materialmente, na sua feição mais requintada ou mais generalizada presente — folhas de papel impresso, alçadas, coligadas e vestidas numa unidade normalmente portátil (mesmo que a duas mãos) —, esse livro pode desaparecer: mas não desaparecerão, com sua fisicidade, as suas mensagens e seus códigos (...) O computador que equivaler à soma de todos os livros será um servo daqueles dialetos — da linguagem oral, que é sobretudo resultado dialético da linguagem escrita (...)*

O 'Livro' poderá, assim, para certos fins, apresentar-se sob outra técnica física. Mas, enquanto perdurar o rigor da leitura a sós, o enlevo da leitura a sós, a emoção do manuseio sensual das páginas, enquanto isso perdurar, teremos os livros-livros, esses que estão por aí tão incorporados à nossa maneira de sermos humanos (tanto assim que, onde ele não é isso, aí impera o atraso, a sotoposição, a exploração)".

Também Jorge Luís Borges, o poderoso escritor argentino — ele amava os livros, infinitamente —, conceituou, com incrível lucidez e alcance universal, a importância do livro. Eis o seu pensamento: "Dos muitos instrumentos inventados pelo homem, nenhum pode comparar-se nem de longe ao livro, porque os outros instrumentos são extensões, são mecanismos desse outro mecanismo que é o nosso corpo... Em troca, o livro é uma extensão da memória e da imaginação".

Sim, o livro — esse fundador de civilizações — continuará a influenciar, com dinâmico impacto, o infinito universo de nossas possibilidades.

Nós, que existimos e nos movemos no mundo dos livros; nós, que criadoramente amamos o livro em todas as suas formas e tecnologias, acreditamos, substantivamente, na função do livro.

A criação e a publicação desta coleção — O Autor Por Ele Mesmo *— são o resultado final de uma pesquisa de campo, onde se detectou um perfil de leitor: o jovem, com um projeto de vida, desejoso de saber mais e consciente da necessidade de atualizar o seu potencial.*

Ela vem para atender a uma necessidade cultural e de mercado.

O volume inaugural da coleção é Chaplin Por Ele Mesmo, o imortal gênio do cinema. A seguir, com periodicidade mensal, serão antologiados outros personagens, cujas idéias, revolucionárias pelo conteúdo e pela expressão, fizeram do mundo o que ele é atualmente.

A coleção O Autor Por Ele Mesmo não é uma simples série de fascículos, de seqüência obrigatória. É uma biblioteca permanente de livros independentes. Dinamicamente ilustrado — cada volume, com 176 páginas —, foi diagramado para oferecer uma leitura fácil e agradável.

É um moderno e informativo estudo de antologia, destinado principalmente à juventude.

Os doze primeiros personagens foram selecionados pela nossa coordenação editorial, mas a coleção é uma proposta aberta e aceita permanentemente sugestões editoriais e de títulos. O limite quantitativo da coleção será determinado pelos próprios leitores.

Nosso projeto editorial é oferecer um livro de massa. O livro ciberneticamente construído, o livro-clipping, cujas características sejam: custo barato, "livro para ler", encontrável em "qualquer parte" e elaborado dentro da nossa realidade cultural e sócio-econômica. Nosso modelo para inovar foi copiar o processo criador da própria Natureza — "fazer o novo a partir do velho".

Acreditamos lobatianamente ("um país se faz com homens e com livros") que a leitura de textos fundamentais dos grandes personagens da Humanidade é benéfica, instrutiva e motivadora em si, com força capaz de complementar convenientemente a formação da mentalidade das gerações presentes e futuras, despertando potencialidades e vocações.

Participe, positivamente.

Você nunca é o mesmo depois de ler um livro.

Livro muda as pessoas.

Livro muda o mundo.

Leia mais para ser mais.

JIMI HENDRIX
UM ESTUDO

O Filho de Voodoo

Carlos Freire

Seattle, Washington, 27 de novembro de 1942. Uma cidade de brancos. Às dez horas e quinze minutos, assiste-se ao início de mais uma manhã no Hemisfério Norte do planeta: é uma zona úmida, sempre entre a chuva e o nevoeiro. Esse dia e essa hora determinam a data de um nascimento. Para os amantes de horóscopos e de outras ciências de destinos inevitáveis, decorre o primeiro decanato de Sagitário e o recém-nascido, por ter o Sol na primeira casa astrológica, apresenta o ascendente sagitariano: duplamente híbrido, duplamente arqueiro e cavalo. Duplamente anjo e besta? A criança nesse momento nascida virá ter o nome de James Marshall Hendrix. São dados de um nascimento. E o que nasceu? Um pássaro? Um avião? Um meteoro? Não foi decerto um super-herói, mas houve um pouco de pássaro, de avião e de meteoro na criatura em causa: veio a ser conhecido por Jimi Hendrix. Não chegou a completar vinte e oito anos de vida; talvez tenha sido apenas um acidente de percurso.

Fazer um estudo biográfico de alguém que não se conheceu, a não ser pela música e pelos mitos criados à sua volta, será sempre uma espécie de traição. Ele foi mesmo assim? Ele disse exatamente aquilo? Em que é que pensava quando o disse? Há datas, há registros escritos, filmados, fotografados, sonoros e há uma certidão de óbito, assinada por um tal

Jimi reunia rapidez, energia autodestrutiva, criatividade, distorção e microfonia.

E.M.Fisher, do Hospital St. Abbots, Kensington, determinando a data do falecimento: 18 de setembro de 1970. As causas também lá estão assinaladas: asfixia por vômito e intoxicação por barbitúricos, acrescentando: "evidências insuficientes, veredito aberto". Está tudo assinalado. Mas o que se passou entre este último dia e a distante manhã de fins de 1942? Os tais documentos pontuam, aqui e acolá, a evolução de uma vida? E os muitos momentos em que nada foi registrado? Há testemunhos de amigos, de contemporâneos. E eles testemunharam tudo? Onde está a respiração de Jimi? O seu olhar? Os seus íntimos fluxos? A traição é um risco constante e inerente a essa tarefa. Mas todos vivemos entre traições, com que agredimos os outros, ou a nós mesmos, e todos sabemos que há várias espécies de traição, desde as nocivas até as inofensivas, até inocentes: outras vezes trai-se por amor.

Mas regressemos à cidade dos brancos, chuvosa e enevoada, no ano de 1942. Os Estados Unidos tinham-se envolvido na Segunda Guerra Mundial. Al Hendrix tinha partido para combater e Lucille Jeter ficara grávida: são os pais. Nessa manhã de novembro, Lucille deu à luz num hospital de Seattle: parto difícil mas bebê robusto. Diz-se que o registrou como Johnny Allen Hendrix. É provável. Pouco tempo viveu com a mãe, ela errante, ele entregue a familiares. A saúde de Lucille era fraca, a tuberculose começou a miná-la e poderá ter causado um certo sentido de tragédia que a levou a viver a vida como uma festa: muita música, muita dança, muito álcool e, obviamente, uma imensa solidão, abandono e decadência, que coroam todas essas vidas deslizantes sob o signo da sofreguidão. Em 1945, quando a guerra terminou e Al voltou a Seattle, a criança estava aos cuidados de uma irmã sua. O pai levou-o e alugou um quarto para ambos; queria cuidar dele, ser pai e mãe se necessário fosse, proporcionar-lhe uma educação e um crescimento normais, amá-lo e fazer dele um homem. Começou por registrá-lo: lembrando-se de um irmão já falecido, chamou-lhe James Marshall Hendrix.

Quando Jimi ia completar quatro anos, Lucille regressou. Ela gostava do filho, gostava de Al, mas são acidentes da vida, amar e ter filhos, porque a vida, essa é beber, é dançar, é vibrar com o charleston como ela vibrara nessa noite longínqua, em Seattle, onde conhecera Al e fizera parar todos os outros dançarinos. Lucille era bonita, delgada, uma frágil e vibrante chama sedutora; gostava de cores, colares, pulseiras, mil e um apetrechos para ofuscar o cinzento da vida, tal como Jimi gostaria mais tarde; não gostaria decerto da rotina da esposa, da mãe, da escrava ou da fada do lar, essas coisas que não estavam ajustadas ao ritmo que pulsava dentro dela, aos fluxos íntimos e à imensa sede. Ficou por dois anos, teve mais um filho, Leon, e partiu para sempre. Dez anos depois, regressou na forma de telegrama, anunciando-se morta por tuberculose. James Marshall Hendrix andava pelos dezesseis anos e desde os doze dedilhava a sua guitarra elétrica.

A mãe, afirmou-o Jimi mais tarde, seria índia Cherokee; mestiça foi, decerto, de raças livres e determinadas, que por vezes se cruzam em pontos tresloucados e faiscantes, como imaginárias linhas que evoluem fabricando e espocando universos musicais, esferas de sons explodindo no perfil e na vibração de cada corda. Cruzamento de raças, livre como um pássaro ferido. "Mas era uma mãe legal", declarou Jimi, mais tarde. Soberana, talvez tenha sido a vida e morte de Lucille: sua determinação pelo álcool, pela dança e, sobretudo, pela vida, pelo excesso de vida, orientou-a do princípio ao fim. Jimi teria talvez compreendido que, na vida, pouco mais interessa do que esse efêmero tempo intensamente vivido, completamente esgotado, atravessado pelos acidentes da vida, amar, lembrar tudo isso; que pouco mais interessa do que reter dois ou três instantes, para esquecer a totalidade que são mágoas. Não creio que Jimi tenha compreendido isso.

Na vida, muito mais coisas tinham interesse. Além de Seattle o mundo era enorme. A música das esferas estava algures. Jimi sentiria mais do que compreenderia: sentiria que tudo, tal como o universo, está em expansão, e esse processo por vezes evolui numa incrível brevidade. Coisas profundas, e ao mesmo tempo banais, para quem aprende a dedilhar a vida com uma paixão tão grande. Os sons podem restituir-nos a uma qualquer harmonia perdida ou desencontrada. Jimi dedilhou essa procura, reproduzindo da rádio os êxitos da década de cinqüenta, recriou, brincou, afagou e construiu a

“Eu explico tudo melhor com música. Com música você pode fazer as pessoas voltarem ao seu estado natural, à infância.”

própria criatura, amor e fúria de múltiplos canais, mil alucinados olhos e miríades de sensos fora do comum.

Embora não insistindo na ironia de que o caso se poderia revestir, pois tal ironia depende da perspectiva com que o dito se leia, é contudo assinalável o fato de Jimi ter nascido em Seattle, cidade de brancos. Partindo do Tennessee antes de 1914 e vivendo de passos de ragtime, Bertran Philander Ross Hendrix e Nora, a sua mulher, chegaram ao Canadá — Al, James Allen Hendrix, nasceu em Vancouver. Pequenas migrações de negros exaustos ou peregrinações de almas vagabundas. No termo dos anos trinta, vendendo como o pai seus passos de dança, Al foi retomando o caminho do sul. Entrou nos Estados Unidos, parou em Seattle e conheceu Lucille Jeter. O tal baile. A orquestra atacava *Ballin the Jack* e ela fez parar tudo, linda e frenética, uma chama viva num mundo atormentado. Al e Lucille casaram-se. Núpcias breves, ao som de Charlie Christian, que Jimi ouviria em seus primeiros anos, a guitarra mágica, o bebop, as belas serpentes aladas trepando pelas paredes do quarto.

Desde muito cedo ausente da mãe, Jimi esteve no entanto em contato com os gostos dela, isto é, o toque de loucura e a sede de excesso. Funcionando de certo modo como contraponto, o pai, vindo da guerra, estabeleceu-se em Seattle arranjando os jardins dos brancos; os fogos e os ritmos corriam-lhe no sangue, mas aplicava-os às substâncias e às cores, ou seja, sonhava-os nas pobres coisas já existentes. Lucille tinha partido. Voltou depois, por escassos dois anos, para partir definitivamente. Apesar de tudo, Al descansava tranqüilo ao fim do dia, chegando a casa depois do trabalho, ouvindo os acordes de Jimi lá no quarto e as lamúrias de Leon, o mais novo, lembrando quantas flores tinham nascido nesse dia, quantas tinham murchado, quantas sementes brotaram e quantos insetos nocivos esmagara com os grossos dedos, quanta terra havia no mundo, e quanta sementeira urgia empreender. O mundo nunca acaba. Por isso, quando Jimi fez doze anos, o pai ofereceu-lhe uma guitarra elétrica. Só nunca soube dizer-lhe quanto o amava; talvez tivesse decidido nunca mais explicar-se a ninguém. Pai e filho guardaram sempre este silêncio, que pode dizer-se sábio. Para que falar do que já se sabe?

Jimi entrou para o Ginásio Garfield. Diz-se que não tinha jeito para os estudos. Diz-se também que saiu de lá aos dezesseis anos, por ter sido visto de mãos dadas com uma menina branca. Pois é isso, estamos em Seattle, uma cidade de brancos. Sem nenhum interesse pelos ditos estudos, cobrando uns tostões ao pai para ajudar na jardinagem, restava o consolo da guitarra, as cordas, os lindos movimentos que acompanham cada deslize dos sentidos; mas faltava o resto, qualquer coisa, um suporte para uma maior disponibilidade.

Delgado mas forte, resolveu procurar lugar no Exército: pagam e também se viaja. Jimi não viajou muito nessa época mas acabou por ir parar mais ao sul, em Fort Campbell, no Kentucky, e aprendeu a viajar de outra maneira, ou seja, saltar como pára-quedista no Screaming Eagles, esquadrão de elite.

Passava o ano de 61 e Jimi aproximava-se dos dezenove anos. Ali estava ele, em Seattle, cidade de brancos, filho de jardineiro e órfão de mãe, embalando-se na paixão pela vibração das cordas e confrontando-se com um obstáculo, um muro, uma coisa cinzenta, um destino que se faz pesado no murchar de cada erva. Era preciso achar uma saída, achar pelo menos um buraco por onde todo aquele corpo pudesse momentaneamente escapulir-se, e surgiu a oportunidade com o Exército. Jimi não voltou àquela casa, nunca mais. Mais tarde, escreveu ao pai. Telefonou-lhe também, mais tarde ainda. Entretanto, era preciso fazer outras coisas. Al sabia que assim era, pois segurara aquele menino nas mãos austeras, olhara-o ensaiando um autoridade que nunca esboçara por inteiro e, sobretudo, acompanhara-o crescendo entre bruscos afagos e olhares furtivos. Jimi, como Lucille, tinha um grito dentro do corpo, uma coisa que não se define assim facilmente, que se transmite como uma névoa mas que se solta sempre, de mão em mão, como uma pedra que queima. Al ficou com seus jardins, seu filho Leon, a segunda mulher, e mais tarde, duas filhas. Na cidade dos brancos, o outono é úmido e prolonga-se indefinidamente. As pedras que queimam rolam por outras paragens.

*

*   *

O salto. A súbita queda no éter que parece vazio. O estremecimento, o estabilizar ao abrir do pára-quedas. O vôo é suave, calculado, como o das águias mais ao longe, as verdadeiras, sempre atentas aos horizontes, aos movimentos, aos detalhes, apenas para satisfazer um apetite natural. Águias existem muitas, e necessidades também. Pouco mais de um ano (quatorze meses) passou Jimi no Screaming Eagles, o esquadrão de elite de pára-quedistas. Precisamente até o vigésimo sexto salto, quando fraturou o tornozelo. Foi um daqueles momentos em que o destino se embaralha, pois Jimi tinha jeito para voar, flutuar e pousar, manso e seguro. A disciplina e o ronco dos sargentos é que nunca o agradaram, nem essa coisa de treinar homens para fazer a guerra. "Começam a ficar estúpidos", declarou Jimi. Os sons de sua guitarra, por exemplo, não agradavam a muitas pessoas dentro da caserna; chegou a ter problemas com alguns, apesar de tudo desavenças passageiras que se resolveram e esqueceram com meia dúzia de murros, pontapés, sangue e equimoses.

Os avós paternos Bertran Ross e Nora Hendrix Seattle, 1911.

O melhor era quando estava sozinho na caserna, amando as cordas que lhe bastavam por companhia. Pedira ao pai que lhe mandasse a guitarra. Al imaginou que devia fazer o melhor que pudesse, e comprou-lhe outra, também de segunda mão, só que mais bonita, e acompanhada de uma amplificador pequeno, mas potente. Quando a recebeu, Jimi sentiu um calafrio, e ficou quieto durante alguns minutos. Seus olhos toldaram-se. Uma névoa púrpura avançava e recuava, em câmara lenta, como quando saltava e olhava trêmulo as coisas em baixo, deslizando, tudo pairando ao sabor do vento, até pousar. Só que nunca mais pousava. Naquele quartel com cheiro de homens lembrou da gaita que tocara aos quatro anos, do violino, da guitarra e do amplificador. Depois, tranqüilo, sorriu. Pegou o instrumento e o som explodiu na caserna.

Jimi brincou com sua guitarra naquela tarde, e, daí em diante, começou a tocar sempre. Escutava rádio sempre que podia, agora as rádios de Campbell, onde havia muito country dos brancos, mas também algumas estações com músicas de blues e gospel; eram essas últimas que ele ficava a reproduzir num canto, dedilhando as músicas na guitarra como sempre fizera, desde os doze anos. As paredes abriam-se, e o mundo parecia mais nítido e mais belo.

Porém Jimi não estava sozinho. Na 101ª Divisão Aerotransportada, havia outro que gostava de música: Billy Cox, que trouxe seu contrabaixo e começou a tocar com ele. Tiveram a sorte de descobrir um baterista no Screaming Eagles, e em pouco tempo tocavam nas festas da base e nos arredores de Fort Campbell. Foi para eles uma fuga agradável da rotina da caserna. Para Jimi, foi a prova definitiva de que tocar era o que mais desejava. Seu tornozelo quebrou na hora certa. Em dezembro de 1962 desligou-se do Screaming Eagles e despediu-se de Billy Cox, com a certeza de que voltariam a encontrar-se. Jimi completara vinte anos, e tinha uma nova vida pela frente, um caminho que já parecia irreversível.

No entanto, os anos que se seguiram foram difíceis, quatro anos em que diz-se que ele chegou a tocar em quarenta formações diferentes, de Nashville a Los Angeles. É talvez um caso único na música pop, o de um músico que se tornaria um dos expoentes máximos ter passado tantos anos como obscuro acompanhante em segundo plano. Em Nashville, certa vez, integrou-se à caravana de B.B. King. Excelente músico, não era pessoa de admitir arroubos criativos dos próprios contratados. Jimi tocava certinho, afinado com a banda, obrigado a uma parte modestíssima na execução do blues. Depois trilhou por algum tempo os caminhos do rhythm & blues, acompanhando caravanas de músicos negros que atravessavam os Estados Unidos: foram as formações de Jackie Wilson, Sam Cooke, Chuck Jackson, Solomon Burke, Wilson Pickett, James Brown, Otis Redding, Arthur Conley, Joe Tex. Todos lhe impuseram, mais ou menos autoritariamente, um lugar subalterno. Outros se seguiriam, nos mesmos moldes. Uma noite, acompanhando o cantor Bobby Taylor num clube de Vancouver, no Canadá, foi notado por um espectador atento e conhecedor: Little Richard. No outono de 1963, Jimi começou a tocar com ele.

Little Richard era, sem dúvida nenhuma, um excelente cantor e ótimo compositor, mas também, para não escapar à regra dos anteriores patrões, rivalizava com eles no autoritarismo e na megalomania. Às vezes, no meio do show, Jimi não resistia ao fogo que queimava em seu interior, e tornava-se um só com a guitarra, as notas sobrepondo-se às dos outros músicos, explodindo inesperadamente, e Little Richard fuzilava-o com o olhar no palco. Depois, no camarim, descarregava a raiva sobre Jimi, que agüentava tudo, pois precisava do dinheiro para sobreviver. O salário era curto. Só dava para hotéis baratos e muitas vezes as refeições eram substituídas por sanduíches. Suportou o quanto pôde. Para agravar as coisas, Richard não era muito certo com as contas. Um dia, batendo a porta da caminhonete que transportava o grupo, Jimi foi embora, não sem antes dizer o que pensava a Little Richard.

Estava em Los Angeles. De novo só, sem dinheiro e sem perspectiva. Ingressou então no grupo de Ike e Tina Turner. Foi sem dúvida a melhor época, apesar das dificuldades que o grupo atravessava. Ike era um músico honesto, bom pianista, bom guitarrista, e seu amor pelo blues aproximou-o de Jimi. Porém não tocavam exatamente blues, nem rhythm & blues, nem rock verdadeiro, mas uma reavaliação dos três

> "Eu nunca tive realmente um lar. A Terra é meu lar. Eu não quero fincar raízes, sou muito inquieto."

estilos, visando uma nova unidade; essa mistura de sensibilidades provocou durante algum tempo a ausência de reconhecimento do público. Por isso, Ike e Tina Turner demoraram mais tempo a ser reconhecidos do que Jimi Hendrix, e só em 1969, quando fizeram a primeira parte dos shows na excursão dos Rolling Stones pelos Estados Unidos, veio a fama. É de crer que Jimi tenha gostado de tocar com eles. Nesse meio tempo, aprendia e ganhava experiência, percebendo o que estava em jogo sobre o palco, a maneira de conduzir o público, de surpreender, de extrair a reação máxima de cada momento; que no palco pode existir mais do que apenas música e palavras: o brilho, o espetáculo, a sensibilidade sem limites. Sentia o desejo de ser ele mesmo o espetáculo. "As idéias e os sons corriam na minha cabeça. Tocar todos os dias as músicas dos outros me deixava frustrado. Então resolvi lançar-me ao centro da ação" declarou ele. E mais uma vez, partiu.

Muddy Waters encontrou

Jimi em Chicago, e lhe disse: "Vá para Nova York!" O rapaz ficou impressionado com o conselho dado por um de seus ídolos, e seguiu-o à risca. Em 1964 chegava a Nova York. Primeiro ao Harlem, a cidade dentro da cidade, o gueto negro encravado no centro da grande metrópole. A vida ali é dura e frenética de ritmos na competição entre os músicos. Mas Jimi estava decidido a enfrentar tudo. Tocava aqui e ali, às vezes mal recebido, outras apenas tolerado, ganhando pouco para sobreviver. Chegou a tocar com a famosa banda de twist Joey Dee e os Starlighters. Passou mal, perambulou, fez alguns amigos, e quando o dinheiro não dava para o hotel, nem havia lugar em casa de conhecidos, escolhia um canto, embrulhava-se em jornais e dormia o quanto fosse possível. Freqüentava os clubes de jazz, os bares, onde a música por vezes é a desolação, dor e violência. Jimi escrevia poemas desde pequeno sobre imagens belas, de flores, natureza e fantasia. De tudo que ultrapassava a realidade (ele declarou que o professor mandava pintar uma maçã sobre a mesa, mas ele tinha vontade de pintar um pôr-do-sol em Marte). No Harlem, continuou a anotar pequenas coisas, fragmentos de poemas, porém agora com novas imagens, luzes, e um enorme sentimento de solidão que crescia dentro dele. Esses textos, talvez escritos à noite, no Palm Café, foram a base das letras que mais tarde, na Inglaterra, foram usadas para ilustrar a própria música.

O Palm Café era um dos redutos do jazz, onde quis tocar e não agradou. Porém aí ele teria conhecido Fayne Pidgeon, uma das muitas panteras negras que pululavam no Harlem, com conhecimento minucioso de todo o ambiente. Fayne ouviu-o, e gostou. Disse a ele que estava perdendo tempo ali, e mais tarde, com seus conhecimentos, arranjou-lhe colocação para tocar com os Isley Brothers. Jimi a chamou de Foxy Lady. No primeiro disco do Jimi Hendrix Experience, todos a conheceram sem saber quem era ela. Os Isley Brothers eram um dos pilares da Tamla-Motown, e ali também Jimi desempenhou papel secundário. Ainda não chegara à livre criação, no entanto, devido à fama dos Isley Brothers, houve um certo reconhecimento da figura de Jimi. Curtis Knight gostou dele, ofereceu mais dinheiro, e Jimi pas-

sou para os Squires. Abandonou o Harlem, pois essa última formação era composta de brancos, cujo som era uma espécie de rhythm & blues, não era música para o bairro negro. Talvez Fayne Pidgeon tivesse ficado magoada por vê-lo partir. Mas certamente ele precisava partir. Desculpe, Foxy Lady, mas preciso beijar o céu.

Ainda não era o céu, na verdade. Porém com Curtis Knight Jimi conseguiu afirmar um pouco de sua individualidade. Correu os bares de Nova York, tocando para um público predominantemente branco, e aos poucos, alguns olhares pousaram sobre ele. As coisas começaram a correr melhor. Começou a ganhar mais, e experimentou a sensação incrível de comprar uma Fender Stratocaster novinha em folha. Pela primeira vez comprava uma guitarra nova com o próprio dinheiro. Pouco tempo depois abandonou os Squires de Curtis Knight, e conseguiu montar seu primeiro grupo, no Greenwich Village. Não se tratava exatamente de um grupo fixo, pois os elementos variavam segundo a disponibilidade de cada um, mas ele era o líder, e isso era o que importava. Costumava tocar no Café Wha, sob o nome de Jimmy James e os Blue Flames. Só em Londres, no final de 1966, foi adotado o nome de Jimi Hendrix, o meteoro que se fixou em nossas memórias.

O Café Wha, no Greenwich Village, era a pátria beatnik. Ali ficava a fina flor dos artistas caídos, dos pirados. Começou a ouvir falar em Coltrane, Sun Ra, Ornette Coleman, nomes que conhecera no Harlem, talvez acompanhado de Foxy Lady. O mais importante, porém, era que as novidades do rock tinham de passar por Greenwich Village. As pessoas começaram a falar no negro alto e esguio, que gostava de sedas e cores berrantes, e tocava um som nunca ouvido antes. Ligando a tradição mais pura do blues negro à liberdade dos solos, Jimi criava no palco, nesse clube de espaço reduzido, um show de cor e comunicação, uma alegria que parecia um ritual. Curiosos com os rumores, apareceram indivíduos como Al Aranowitz, do *Washington Post*, e Keith Richards. Mas Jimi ganhava dez dólares por noite, e não aparecia ali nenhum produtor. Por intermédio de John Hammond Jr., mudou-se para o Café A Go Go, e tocou com ele algumas semanas. Gente mais importante vinha assisti-lo, como os

Jimi com seu pai,
Al Hendrix Seattle, 1945.

> " Os cabelos são um tipo de antena. O meu cabelo é elétrico, capta todas as vibrações. "

Stones, Bob Dylan e os Beatles, a fim de ouvir o homem que se dizia mestiço de negros e índios, e tocava prodigiosamente. Voltou ainda a apresentar-se no Café Wha, até que vieram Eric Burdon e os Animals. Chas Chandler, o contrabaixista, escutou Jimi e conta-se que, assim que o viu, ficou impressionado com o som e com a figura do guitarrista, decidindo fazer alguma coisa a respeito. Propôs ser o empresário e levá-lo para a Inglaterra, acenando ainda com a possibilidade de gravar. Era o que Jimi sempre desejara. No entanto, hesitou um pouco, pois a Inglaterra ficava distante, e as portas dos estúdios até então haviam permanecido fechadas para ele. Não sabia também se poderia confiar no homem que lhe fazia a proposta. Lembrou-se, porém, da ênfase do conselho de Muddy Waters, que em Chicago lhe dissera para ir a Nova York. Talvez tenha sido como um pressentimento, um dedo sábio do destino que indica o rumo. Jimi olhou pela segunda vez para Chas Chandler e achou que podia confiar nele. Em setembro de 1966, partiram para Londres. John Hammond Jr. comentaria, mais tarde: "Quando voltei a vê-lo, tinha-se tornado um astro".

(In *Jimi Hendrix*, coleção Rock On nº 15, Fora do Texto, Portugal, 1991.)

JIMI HENDRIX
PERFIL BIOGRÁFICO

Ascensão, Queda e Ascensão

Chris Welch

Jimi Hendrix nasceu James Marshall Hendrix, em Seattle, Washington, em 27 de novembro de 1942. Era uma cidade da qual não gostava, e raramente a visitou depois. Filho de um jardineiro, James Allen Hendrix, ele cresceu numa comunidade predominantemente branca, freqüentando escolas para brancos.

Sua mãe, Lucille, que morreu quando ele ainda era jovem, era descendente de índios, e Jimi passou boa parte da infância viajando para Vancouver, onde ficava com a avó, uma índia cherokee de sangue puro.

"Minha mãe e meu pai costumavam cair fora sempre, e eu tinha de estar pronto para ir de carona para o Canadá. Meu pai era equilibrado e religioso, mas minha mãe gostava de se divertir e de se vestir bem. Ela costumava beber muito, e não cuidava bem de si mesma. Morreu quando eu tinha uns dez anos. Mas era uma mãe legal" —, declarou Jimi.

Freqüentou o colégio Garfield, em Seattle, mas saiu aos 16 anos. Certa vez Jimi disse que fora expulso da escola por "segurar a mão de uma garota branca em classe". Mas também teve de deixar a escola para ganhar dinheiro. "Papai era jardineiro e a coisa ficava ruim no inverno, quando não

Nos camarins do Saville Theatre, Londres, 1967.

havia grama para aparar."

James e Lucille Hendrix tiveram outro filho, Leon, cinco anos mais novo do que Jimi. Leon também tocava guitarra. Depois que Lucille morreu, James Hendrix casou novamente, e mais tarde teve duas filhas nesse segundo casamento.

O senhor Hendrix lembra-se da primeira vez que Jimi demonstrou interesse por música, com aproximadamente dez anos de idade. Costumava fingir que a vassoura da casa era um violão, e declarou a seu pai que "estava aprendendo a tocar". Assim, quando o menino completou onze anos, seu pai comprou-lhe um violão barato; aos doze, Jimi ganhou sua primeira guitarra.

Depois que Jimi entrou no Exército, sua família não ouviu falar dele por algum tempo, até que ele telefonou ao pai, em setembro de 1966, para dizer que estava na Inglaterra, e que iriam transformá-lo em estrela. "Mudamos meu nome para Jimi", anunciou o ex-Jimmy, explicando que "era só para ser diferente". Declarou mais tarde o senhor Hendrix: "Ficamos ambos tão excitados que esqueci de dizer a ele que tinha casado outra vez."

"Meu pai era muito severo, e me ensinou a respeitar os mais velhos sempre. Eu não podia falar, a menos que os adultos falassem comigo primeiro. Portanto, sempre fui muito quieto. Mas vi muitas coisas. Um peixe não se mete em encrencas se mantiver a boca fechada."

Jimi não teve educação musical, e aprendeu a tocar guitarra na escola e no Exército. Escutava atentamente muitos discos, e observava outros guitarristas. O blues foi sua maior influência natural, e escutava Elmore James, B. B. King, e Muddy Waters. Também gostava de Bob Dylan. Foi essa última influência que provou ser importante no desenvolvimento da atitude musical única de Jimi.

A maior parte dos músicos negros gravitava na direção das restrições formais impostas pelo mundo dos espetáculos, copiando os grupos vocais no estilo Tamla Motown ou dos cantores de baladas. Jimi foi o primeiro roqueiro negro, no sentido que ele combinava o desejo de dizer em suas letras algo mais do que o soul de aleluias, ao mesmo tempo que possuía toda a energia de um tocador de blues nato. Jimi tinha bons motivos para cansar-se do soul e de sua máquina de produção. Mais tarde teria sua quota enorme de trabalho, acompanhando o circuito do soul como guitarrista contratado.

Os pais de Jimi não tinham educação musical. Ele conta: "Meu pai dançava e tocava colheres. Meu primeiro instrumento foi uma gaita de boca, que ganhei quando tinha quatro anos, eu acho. Depois foi um violino. Sempre curti instrumentos de corda e pianos. Então comecei a curtir violões... Era o instrumento que sempre estava à mão. A casa de todo mundo que a gente visitava tinha sempre um dando sopa. Tinha cerca de quatorze ou quinze anos quando comecei a tocar guitarra, e lembro que meu primeiro contrato foi num arsenal da Guarda Nacional, e ganhamos trinta e cinco centavos cada um. Naqueles dias, acho que só gostava de rock & roll. Costumávamos tocar material de pessoas como os Coasters. De qualquer forma, todos tinham de fazer as mesmas coisas antes de entrar num conjunto... todos tinham de trilhar os mesmos passos".

Em 1963 ele entrou para o Exército dos Estados Unidos, para a 101ª Divisão Aerotransportada. Jimi conta: "Achei que ia ter de ir mais cedo ou mais tarde, portanto me alistei logo para que pudesse me dedicar à música depois. Quando me alistei percebi que podia ir fazendo isso ao longo do caminho, portanto optei pelo batalhão de pára-quedismo. Odiei o Exército na mesma hora." Jimi realizou vinte e cinco saltos com os pára-quedistas, machucou-se no vigésimo sexto e foi desligado.

O que o fez optar por saltar de pára-quedas?

"O sargento" explica Jimi, rindo. "E o fato de que se ganhava mais dinheiro. Se tive algum prazer com isso? Mais emoção do que prazer. O prazer chega quando a gente descobre que aterrissou vivo. De qualquer forma, tive muita sorte em sair da forma que saí. O Vietnã veio logo depois."

"Eu não tinha educação musical, portanto não podia me alistar como músico. Mas toquei em alguns lugares. De qualquer forma, quando saí não tinha nada para mostrar, portanto resolvi não voltar para casa."

Depois de seu décimo-quarto período no Exército, Jimi passou um bom tempo na estrada, tocando com grupos diferentes, de Nashville a Los Angeles.

"Eu tentava tocar meu próprio som, mas trabalhava com pessoas como Little Richard, os

> “Eu vivi aqui antes dos dias do gêlo... e voltarei para encontrar as estrelas perdidas e o cheiro de um mundo que se incendiou.”

Isley Brothers, Wilson Pickett, e eles não gostaram muito do que ouviram. Mantinham-me sempre em segundo plano, mas eu estava sempre procurando o que realmente gostava de fazer. Costumava entrar num grupo e sair logo depois. Os grupos eram na maioria o que se chama de grupos de rhythm & blues. Eu gostava de escutar os quarenta sucessos mais tocados de rhythm & blues, o que não significava que gostava de tocá-los todos as noites.”

Jimi trabalhou em algumas excursões de vários astros, acompanhando B.B. King, Sam Cooke, Solomon Burke, Chuck Jackson, e Jackie Wilson. Também trabalhou com Ike e Tina Turner, Little Richard, os Isley Brothers e o famoso conjunto de twist Joey Dee e os Starlighters.

“Aprendi como fazer para *não* manter junto um grupo de rhythm & blues. O problema era que muitos líderes não queriam pagar ninguém. Os caras eram despedidos no meio da viagem porque falavam alto demais no ônibus, ou porque o líder devia dinheiro demais a eles... qualquer motivo. O primeiro conjunto de verdade que consegui reunir por mim mesmo foi no Greenwich Village. Deve ter sido por volta de 1965. Mudei meu nome para Jimmy James e chamei o grupo de Blue Flames. Não foi muito original, foi?

Eu tinha dúvidas sobre vir para a Inglaterra. Nunca tinha vindo, portanto achei interessante dar uma olhada, porque achava que ainda não estava pronto para percorrer os Estados Unidos."

Falando sobre suas influências, ele declara: "Quando comecei a tocar, gostava de qualquer coisa, desde B.B. King até Muddy Waters, de Bach a Eddie Cochran. Mas não tentei copiar ninguém. Esses foram os caras que me transmitiram o sentimento de que era possível fazer um som próprio. Antes que eu voltasse para a Inglaterra, eu estava curtindo muita coisa que Dylan estava fazendo. Quando escutei as músicas dele pela primeira vez, pensei: É preciso admirar esse cara pela coragem de cantar tão desafinado. Depois prestei atenção às palavras. Meu próprio som está em minha cabeça. Eu escuto os sons e se não conseguir reproduzi-los ninguém mais consegue".

Existem vários exemplos de gravações de Jimi tocando guitarra nessa fase, com os Isley Brothers e Curtis Knight, mas Jimi não se considerava particularmente orgulhoso delas, e não pretendia editá-las novamente. Foram feitas tentativas para tentar evitar algumas músicas de Curtis Knight, lançadas novamente depois do sucesso de *Experienced*.

Em 1967, ele declarou: "Não eram nada a não ser improvisos, *jam sessions*, cara, com um grupo chamado The Squires. Não, eu não cantei em Hush Now, que sem dúvida foi mixada mais tarde por alguém tentando imitar minha voz. E naquela a guitarra estava desafinada, e eu estava chapado. Vamos impedir que lancem esses discos".

Existem ainda evidências gravadas de suas primeiras experiências, colhidas no apartamento de Mike Ephron, em Nova York, outubro de 1964. São improvisos que receberam títulos como Feels Good, Frid Cola, etc... lançados em três volumes, pela Saga. Mas o título "O melhor de Jimi Hendrix" não reflete exatamente a realidade, pois as *jam sessions* são do tipo que a maior parte dos músicos não gosta que o público escute.

John Hammond Jr., filho do famoso crítico de jazz e blues, cantor e guitarrista por seus próprios méritos, recorda-se de ter escutado Jimi tocar em Greenwich Village, em 1966.

"Quando encontrei Jimi pela primeira vez, ele estava na pior. Tinham roubado até mesmo a guitarra dele. Acho que foi em outubro, quando eu tocava num clube chamado Gaslight. Do outro lado da rua ficava o Café Wha, uma espelunca de meter medo. Jimi estava tocando lá, e eu fui uma noite. Ele estava tocando algumas de minhas músicas. A aparência dele era incrível, e ele gostou de me conhecer. Perguntei como podia ajudar, e ele disse: "Me arranje um compromisso. Me tire daqui!" Então consegui um contrato para ele no Café A Go-Go, e trabalhei com Jimi como guitarra-solo por um mês. Bob Dylan, os Beatles e os Stones sempre vinham nos ver tocar. Então tivemos ofertas para tocar na Inglaterra com Chas Chandler. Fomos. Eu o encontrei depois e ele já se tornara superstar."

Em Londres, naquela época, o que quer que os Beatles ou os Stones dissessem sobre um artista ou um estilo de música era aceito como palavra divina, e de muitas formas John Lennon, Paul McCartney e Mick Jagger, com seu entusiasmo, fizeram muito por artistas como Bob Dylan, James Brown e Jimi Hendrix, no sentido de conseguir reconhecimento e aceitação na Inglaterra.

Jimi estava apreensivo antes de vir para a Inglaterra, mas o caminho já estava sendo aberto. A imprensa musical fora informada, os amigos avisados, e quando Jimi chegou a Londres, foi levado primeiro para a casa de Zoot Money, empresário e músico, que acolheu Jimi com uma *jam session* em Gunterstone Road, saindo da Cromwell Road.

O impacto sobre o público dos clubes em Londres não foi excitação forjada ou fabricada. Nunca se escutara nada parecido, e considerando que o conjunto mal teve tempo de ensaiar antes do primeiro espetáculo com Johnny Halliday, em Paris, todo o brilho e a presença de palco ficaram por conta de Jimi. Naturalmente os agentes Chas Chandler e Mike Jeffery, foram hábeis ao explorar e enfatizar o carisma natural de Jimi.

Na verdade o grupo nunca chegava a ensaiar demais, e agora torna-se claro que a "no-

A Mãe, Lucille Hendrix
Seattle, 1948.

vidade" eletrônica mantinha tudo coeso. Assim que a rotina noturna assentava, o conjunto se desintegrava. O restante dos anos de Jimi na Inglaterra e nos Estados Unidos foram gastos à procura de uma alternativa.

O primeiro compacto de Jimi, e primeiro sucesso, *Hey Joe* , foi lançado em 16 de dezembro de 1966. Quando sua turnê inglesa iniciou-se, no Finsbury Park Astoria, em 31 de março, 1967, *Hey Joe* já estabelecera Jimi como líder titular do *underground*, cujos discos e posters precisavam obrigatoriamente aparecer no quarto das pessoas. Tornou-se uma figura controvertida, num país que acabava de aprender a conviver com Lennon e Jagger. Com seu sorriso faiscante, e roupas incríveis, ele dividia com Nureyev e Jagger o espaço das capas nas publicações sofisticadas. Até mesmo Mitch e Noel viram-se fotografados, admirados e assediados. Não tinha muito a ver com música, mas garantia espaço para o conjunto na mídia.

Naturalmente havia os que os viam com desagrado, e até um certo receio. Algumas vezes era difícil conseguir um táxi, ou serem atendidos em restaurantes. Em junho de 1967, o grupo reclamou que trinta hotéis em Estocolmo os recusaram, e tiveram de voar para Helsinque, na Finlândia, onde uma boate também recusou-se a deixá-los entrar.

Segue a carta que um espectador de um popular programa de televisão enviou ao *Sunday Sun*:

"Estive assistindo *Top of The Pops*, e pode acreditar que se eu tivesse de oferecer uma taça ao mais boçal do programa, ficaria entre o The Move e o conjunto de Jimi Hendrix.

Os primeiros foram absolutamente idiotas. Tenho certeza que o baterista devia estar sofrendo de coceiras ou algo parecido. Quanto ao grupo de Hendrix, espero nunca encontrar nenhum deles no escuro, com aqueles cabelos espetados como esfregões.

O próprio Hendrix está horrível pela maneira como se veste. Que Deus nos livre dessas coisas! Sei que são precisos todos os tipos para formar nosso mundo, mas será que eles já olharam para eles mesmos?" Espectador Enojado, 14 de maio de 1967.

Nem mesmo os fãs do pop acharam fácil apreciar a música de Hendrix. Segue uma carta de John Dickin, de Sheford, Beds, para a revista *New Musical Express*, de maio de 1967:

“ Às vezes acho que minha mente consegue voltar a um tempo onde eu era um cavalo alado ”

“Como diabo a música *Purple Haze* foi parar nas paradas? Hendrix e seu grupo são um verdadeiro insulto à música pop, e quanto mais cedo o público que compra discos perceber esse fato, melhor. Tais discos não passam de um monte de barulho, e não possuem nenhum valor musical.”

Tais afirmativas dogmáticas de leitores abestinhados são comuns para o pessoal dos jornais sobre música. Mas algumas vezes até mesmo os críticos não conseguiam ser objetivos quando analisavam o som mais selvagem do rock.

“A coisa mais agradável que posso dizer sobre o Jimi Hendrix Experience, em *Are You Experienced*, é que sobrevivi a uma sessão inteira, embora tivesse demorado algum tempo para me assegurar que não havia nada errado comigo. Um delicioso retorno à realidade veio com o *Swinging Blue Jeans*, de Liverpool...” — George Gregson, *Liverpool Post*, junho de 1967.

“Não consigo pensar em nenhum de meus conhecidos que goste da aparência de Jimi Hendrix, e eu mesmo não sou grande apreciador” — Roger D. Monkman, *Dudley Herald*, 12 de maio de 1967.

Um dos comentários mais perspicazes veio de um músico, também guitarrista, Jeff Beck, numa entrevista para o *Musical Express*, a 20 de maio de 1967.

"O único problema de Jimi vai ser quando ele quiser sair do prego no qual ele mesmo se pendurou. O público vai pedir algo diferente, e Jimi identificou-se tanto com seu som que vai achar difícil conseguir que alguém o aceite de outra forma."

A primeira parte de 1967 foi passada com o sucesso total escapando por entre os dedos. *Hey Joe* entrou na lista da *Melody Maker*, em 48º lugar, a 7 de janeiro de 1967. Sua posição mais alta foi a 4ª, em 4 de fevereiro. O compacto seguinte, *Purple Haze*, lançado a 18 de março, entrou na mesma lista em 43º a 25 de março, e também chegou a 4º lugar. O cobiçado primeiro lugar sempre parecia evitar o grupo, pelo menos no que se refere à lista da *Melody Maker*. A bela *The Wind Cries Mary*, em contraste com *Purple Haze*, chegou com força e entrou na lista em 25º lugar, a 13 de maio. Atingiu 6º lugar em 3 de junho. *Burning Of The Midnight Lamp* chegou em 23º a 2 de setembro, depois chegou a 16º em 16 de setembro.

O primeiro LP, *Are You Experienced*, foi lançado em 19 de maio de 1967, entrando na lista como 5º lugar a 3 de junho, e atingindo o 3º posto em 10 de junho. Permaneceu na lista até 7 de outubro. *Axis: Bold As Love* chegou a ocupar o 8º lugar em 23 de dezembro de 1967.

Todos os anos a revista *Melody Maker* realiza uma pesquisa entre seus leitores, e em 1967 o Experience foi votado como 3º melhor conjunto da seção inglesa. Jimi foi o segundo músico (perdeu para Eric Clapton); *Hey Joe* era o 4º compacto simples; *Are You Experienced* foi o segundo LP, e Jimi foi votado em 3º como revelação.

Na seção internacional, Jimi foi eleito o melhor músico, *Are You Experienced*, o quarto LP, e Hendrix atingiu 5º lugar como revelação. Não chegou a ocupar os lugares mais altos, mas foi uma invasão de várias categorias.

Are You Experienced foi uma compilação estimulante de idéias e técnicas musicais. Nada parecido fora escutado até então. Em *Foxy Lady* a primeira frase estabelecia o cunho sensual da voz de Jimi, que ele sempre menosprezou. A despeito de sua alegação constante de que "não sabia cantar", sua voz era extremamente expressiva e ritmada. Sua voz normal, ao falar, possuía igualmente essa musicalidade, que por si só já era um atração.

Maniac Depression apresentou as atuações rotatórias e cheia de swing de Mitch na bateria, inspiradas em Elvin Jones. A combinação de influências jazzísticas e Bob Dylan na construção da linha vocal de Jimi não fora ainda escutada nessa época.

A seguir vinha um salto para o blues puro, numa apresentação cheia de garra, em *Red House*. Era Hendrix no melhor de sua forma, gritando e rindo o blues, cheio de alegria e ironia.

Can You See Me está cheia de energia e entusiasmo, com uma bela apresentação de Mitch na bateria, enquanto *Love or Confusion* é mais uma produção ambiciosa com vocais atípicos e o uso pronunciado de eco. Porém a maioria das faixas está livre das experiências psicodélicas que Jimi faria mais tarde e tanto aborreceram Noel Redding. A produção de Chas Chandler em *Are You Experienced* possuía a virtude da simplicidade.

"Viverei amanhã... bem acho que não posso dizer" canta Jimi em *I Don't Live Today*, uma música repleta de ameaça, realçada pela frase poderosa que Jimi e Mitch tocavam juntos. O poder que o conjunto demonstrava tocando tão solidamente logo se dissiparia.

O lado dois mostra a primeira redução de energia, com a suave e simpática *May This Be Love*, que atualmente é uma das mais tocadas. É bom notar que Jimi, demonstrando muito gosto, concebeu e executou o solo de forma contida, não característica.

Fire foi uma das músicas mais populares no palco, e na parte central introduzia uma atmosfera quase dançante, com um toque de soul, o que a tornou um sucesso instantâneo nas discotecas do mundo inteiro. Mitch e Noel contribuíram com um acompanhamento floreado à incomum *3rd Stone From The Sun*, Jimi realizando uma escolha de acordes quase ao clima de Wes Montgomery.

Aqui também temos um exemplo do que costumava ser rotulado de "música pirada", fato que naqueles dias inocentes do cenário pop inglês significava alguma coisa que os ouvintes não conseguiam entender bem. Mas quando se escuta a voz de Jimi emergindo das notas espectrais da guitarra, e

de fitas com rotação baixa, para dizer: "...nunca mais vou escutar surf music..." é possível imaginar que eles se levassem demasiadamente a sério, mesmo envolvidos com som experimental.

Remember foi uma música colocada para ocupar espaço, com uma batida molenga, porém a faixa final, *Are You Experienced* é o som que resume toda aquela era de idéias e LSD. Traz lembranças de caras pintadas com anil, do mundo underground, de UFOS, luzes estroboscópicas e a primeira cópia do *International Times.*

O segundo LP, *Axis: Bold As Love*, lançado em 24 de novembro de 1967, apresentava uma gravação mais madura, e tanto a música quanto a execução adquiriram maior polimento, se bem que faltou o entusiasmo bruto de *Experienced.* Era o conjunto no auge do sucesso, tentando conviver com a enorme publicidade, melhorando os primeiros esforços apressados.

Mitch Mitchell apresenta Jimi em seu melhor sotaque escolar, e a guitarra inicia uma rápida personificação de um disco voador. A música começa com Mitch usando as vassouras em *Up From The Skies*, levando a *Spanish Castle Magic.* Aqui o som da bateria aparece muito melhor do que no primeiro disco, e as letras de Jimi começam a ser colocadas de maneira marcante.

Todas essas músicas e performances eram um som precursor da auto-indulgência de *Electric Ladyland*, que Jimi produziu mais tarde em Nova York. Chas Chandler pareceu disciplinar o grupo, ou pelo menos produzir o ímpeto que Jimi precisava no estúdio, e muito tempo se passaria antes que *The Cry of Love* levasse Jimi de volta ao sucesso com gravações.

Entre as outras faixas do LP, estão a estranha *If Six Was Nine*, com Jimi mais uma vez falando de sua vida, e a bela *Little Wing* com o trecho: "quando estou triste, ela vem até mim". Escutando músicas como *You've Got Me Floating* e *Castles Made Of Sand*, e todo o sentimento expresso em *Bold As Love* era fácil acreditar que o grupo iria produzir muitas canções de sucesso em muitos discos, nos anos que estavam por vir.

Foi em março de 1967 que Jimi, Mitch e Noel produziram o primeiro grande impacto na juventude britânica, na ocasião da excursão com os Walker Brothers. Foi um extraordinário pacote apresentando estrelas tão diversas quanto Cat Ste-

Jimi com seu irmão Leon, 1950.

vens e Engelbert Humperdinck. Estranhamente, Jimi se deu bem com Engelbert, e observava as apresentações do cantor de baladas todas as noites na coxia.

Porém houve um momento de tensão na noite de abertura, quando Hendrix incendiou sua guitarra com fluido de isqueiro. Nick Jones queimou a mão tentando remover os resíduos em chamas, e houve uma rusga nos bastidores entre os *roadies* (auxiliares) de Jimi e os empregados da segurança do teatro.

Entrementes, Jimi parecia estar se divertindo. No apartamento no qual morava em Marble Arch ele falou sobre a excursão: "Os patrões estão dificultando as coisas. Os organizadores não nos dão chance nem de afinar os instrumentos antes de subirmos no palco. Dizem que somos obscenos e vulgares, mas tocamos nossas músicas como sempre tocamos em todos os outros lugares, e ninguém jamais se queixou. Nos recusamos a mudar o repertório, e o resultado foi que meu amplificador começou a pifar nos momentos mais estranhos. Fiquei imaginando por quê. Mas não deixei que me incomodassem. Toco para o público, e não acho nossos atos obscenos. Nós só ficamos empolgados com a música.

Está ficando engraçado tocar nessa excursão. Não sei se todas as excursões são assim, mas antes de entrar, me viro e descubro que uma corda da guitarra está quebrada, ou então que a guitarra está completamente desafinada quando acabei de afinar. Acho que não sei o que dizer sobre isso. Eles simplesmente não estão nem aí conosco. Mas não vão se livrar de nós, a menos que sejamos colocados para fora da excursão oficialmente."

Jimi também deu provas de sua impaciência musical: "Gostaria de poder cantar bem. Mas sei que não posso cantar. Simplesmente ponho as palavras para fora. Tento atingir uma nota bonita, mas é difícil. Sou mais um *showman* do que um cantor."

O evento mais significativo do ano veio quando Jimi voltou para os Estados Unidos. Apesar de considerado um astro da música na Inglaterra, ele ainda era desconhecido nos Estados Unidos, e os que ainda se lembravam dos velhos dias tinham uma atitude cética quanto ao sucesso do outro lado do Atlântico.

Em 16 de junho de 1967, ele apresentou-se no histórico Monterey Pop Festival, e conquistou os compatriotas. Brian Jones apresentou o conjunto, que imediatamente iniciou uma apresentação violenta e dramática, felizmente preservada na gravação do festival lançada pela Atlantic. Jimi, desconhecido, competia com astros como Otis Redding, Buffalo Springfield e Grateful Dead; mas junto com Mitch e Noel, ele realizou uma apresentação arrasadora.

Em virtude desse sucesso, parece extraordinário que o Experience tenha sido escalado numa excursão com os Monkees. A idéia foi de Mike Jeffery, mas é bom lembrar que na época os Monkees foram apontados como sucessores dos Beatles, e para qualquer um pensando em termos comerciais, parecia uma idéia brilhante.

O que aconteceu é que o grupo de Jimi foi morrendo aos poucos. A forma livre e sofisticada de rock que produziam dificilmente interessava garotas que encaravam David Jones como uma extensão de seu ursinho de pelúcia. Tornou-se óbvio que o grupo precisava sair, antes que ocorresse uma separação. Para encobrir tais fatos, surgiram histórias que ainda hoje são mencionadas. Como o próprio Chas Chandler admite, era pouco provável que as Filhas da Revolução Americana jamais tivessem ouvido falar de Jimi Hendrix, e ainda assim foram culpadas por vários protestos pela "atitude indecente" dele no palco, pedindo que fossem "banidos".

Foi esse episódio que desgastou as relações entre os sócios empresários Chas Chandler e Jeffery, e deve ter enbaraçado Hendrix em seu próprio país.

Declara Eric Burdon, que fora companheiro de Chandler nos Animals: "Foi a volta para os Estados Unidos que começou a depressão de Jimi. Quando se escapa do gueto, é um erro voltar. Jimi era um príncipe no exterior, mas, quando voltou para as ruas que conhecia, passou por muitas mudanças".

Contudo, permaneceramm na onda durante 1967 e as primeiras apresentações no Saville, o primeiro teatro de rock, dirigido por Brian Epstein, foram sensacionais. Foi em 27 de agosto que o empresário dos Beatles, Epstein, morreu subitamente por uma *overdose* de pílulas para dormir. As novidades chegaram ao Saville durante a estréia de Hendrix, e o segundo espetáculo foi adiado, muito a contragosto das multidões de fãs que aguardavam do lado de fora. A maior parte das pessoas concorda que Brian teria preferido que o show continuasse. Mas Jimi tocou no teatro novamente a 8 de outubro, com Arthur Brown.

Minhas lembranças sobre essas apresentações em Saville são como as de um incêndio. Freqüentemente o equipamento quebrava, ou o som ficava ruim. Mas aqueles 45 minutos, curtos e precisos, de muitos anos atrás, tiveram mais impacto do que os shows de rock com duração de três horas.

Um dos primeiros grandes concertos que reuniram várias estrelas na Inglaterra foi o evento Christmas On Earth, a 22 de dezembro, no Olympia de Londres. Jimi apareceu com o Pink Floyd, The Move, e The Who. Depois, todos os músicos do espetáculo, que não foi um sucesso financeiro, foram ao Speakeasy Club, um ponto muito em moda entre os jovens. Lá, Jimi tocou numa sessão de improviso, que durou até o dia raiar; nos anos subseqüentes, Jimi seria um convidado freqüente nessas sessões informais.

No início de 1968 Jimi e o grupo foram contratados para uma excursão de três dias na Suécia. Essa viagem resultou num episódio que confirmou as suspeitas de que as estrelas da música pop não são confiáveis. Foi um infeliz acidente, que talvez tenha sido charmoso aos olhos dos ouvintes, mas que teve um efeito ruim em Jimi. Mais tarde, ele iria referir-se a essa experiência na letra da música *My Friend*, do LP *Cry of Love*. Aconteceu no Hotel Opeland, em Gotemburgo. No dia 4 de janeiro, foi anunciado que ele fora mantido sob custódia da polícia por doze horas depois de "danificar o quarto de hotel". Foram publicadas fotografias mostrando Jimi de cabeça baixa, acompanhado pelo detetive chamado pela administração do hotel. Seu passaporte foi confiscado, e Jimi passou a noite na cadeia. Foi dito que estava bêbado. Quando acordou, desculpou-se por tudo e ofereceu-se para pagar os danos. Em 12 de janeiro lhe foi apresentada uma conta de £475 por danos à mobília. Um repórter disse: "Comentaram que ele tocou bateria no quarto, depois quebrou janelas, espelhos e cadeiras. Durante a noite, os empregados e hóspedes do hotel escutaram gritos vindos do quarto de Hendrix. A polícia disse que prenderam Hendrix depois que três dos amigos sentaram-se sobre ele para acalmá-lo."

Quando Chas Chandler foi visitá-lo na prisão, Jimi disse que não conseguia lembrar-se do que acontecera. Foi libertado, mas teve de pagar uma multa que representou tudo o que ganhara na Suécia.

Ao final de janeiro, Jimi partiu com uma caravana de conjuntos ingleses numa excursão de dois meses pelos Estados Unidos. Com o Experience foram os Animals, Alan Price, Soft Machine e Eire Apparent. Essa oportunidade deveria ter sido o começo de um novo estágio de sucesso para o Experience, mas chegaram reportagens à Inglaterra indicando que nem tudo estava bem. Uma crítica da apresentação no Anaheim Convention Centre, em fevereiro de 1968, afirmava: "O show de Jimi foi desapontador. A maneira selvagem de cantar e dançar estavam ausentes, e ele arrebentou um amplificador e tocou apenas quatro números no segundo show."

A impressão era de que Jimi já estava se cansando de guitarras pegando fogo e de tocar com a boca, procedimentos estilizados, mas que as pessoas ainda queriam assistir.

Durante 1968, o álbum duplo Electric Ladyland foi lançado. Houve uma controvérsia inicial sobre a capa, que apresentava a parte mais rechonchuda de garotas atraentes e despidas, que a perícia do fotógrafo tornou extremamente debochada.

Apesar disso a música apresentava algumas preciosidades, como *Burning of The Midnight Lamp, All Along The Watchtower, Voodoo Chile*, e a intrigante *1983 (A Merman I Should Turn To Be).*

A música parecia mais solta do que antes, e o grande tempo de gravação dava espaço suficiente para improvisar no estúdio. *Voodoo Chile* era um dos melhores improvisos de rock da época em que os músicos de rock começaram a seguir os passos de seus mestres do jazz, e improvisar à vontade.

Foi durante a mixagem desse disco, em Nova York, que Chas Chandler sentiu a pressão e retirou-se das atividades, deixando a produção entregue ao próprio Jimi. Ele estava ansioso para experimentar, mas suas próprias observações deixaram claro que Noel Redding não estava tão interessado em ficar horas no estúdio.

Na época, muitos ficaram desapontados com o álbum duplo, uma desorganizada forma de auto-indulgência, que não possuía a condensação e o impacto dos dois discos anteriores. Mas apresentava um trabalho de guitarra brilhante, especialmente em *Voodoo Chile*. A bateria de Mitch continuava ocupada e elaborada como sempre, além de apresentar alguns convidados no estúdio, como Steve Winwood, para adicionar climas novos.

A primeira faixa abre com os efeitos de estúdio que Jimi tanto apreciava, um som borbulhante e cheio de eco, levando a *Electric Ladyland*, delicada e quase um *soul*. Foi então que Jimi sentiu que sua voz melhorava, e a namorada Jeanette Jacobs lembra: "Jimi começou a pular para cima e para baixo enquanto escutava o resultado, gritando: "Sei cantar! Sou capaz de cantar!" É a voz de Jeanette que aparece no disco, queixando-se de que o bar estava fechado ao final da gravação.

Cross Town é uma boa música balançada, com Jimi cantando em seu melhor estilo declamatório. Essa faixa diminui lentamente e dá lugar aos climas de *Voodoo Chile*, quando Jimi canta em uníssono com sua guitarra, segundo a melhor tradição do blues.

Escutando o disco agora, depois de um intervalo de alguns anos, parece infinitamente melhor do que na época, para ouvidos sequiosos por outro *Hey Joe* , ou *Foxy Lady* . Noel Reeding mostra que tinha algo a contribuir na composição *Little Miss Strange*, a música que abre o lado dois. Aparece uma certa nostalgia em *Long Hot Summernight*, com harmonias vocais apoiando a interpretação de Jimi, que remontava à época do seu envolvimento com acompanhamento de espetáculos de *soul*. Foi o tipo de material que não impressionou nem um pouco seus fãs britânicos de som pesado. Eles teriam preferido um ritmo mais direto, como "Come On", que apresentava algumas das frases mais rápidas de Jimi. Havia ainda um encadeamento interessante de acordes, o que para um músico autodidata demonstrava uma percepção impressionante dos diferentes estilos na guitarra.

Ao estilo de Robert Johnson, *Gypsy Eyes* é uma produção maravilhosa de *Burning of The Midnight Lamp*, com grande variedade de sons e um sentimento de grandeza que mais tarde seria creditado a Phil Spector.

Uma tosse e uma fungada introduzem um belo blues, *Rayny Day Dream Away*. Um

Hendrix no Exército,
Califórnia, 1961.

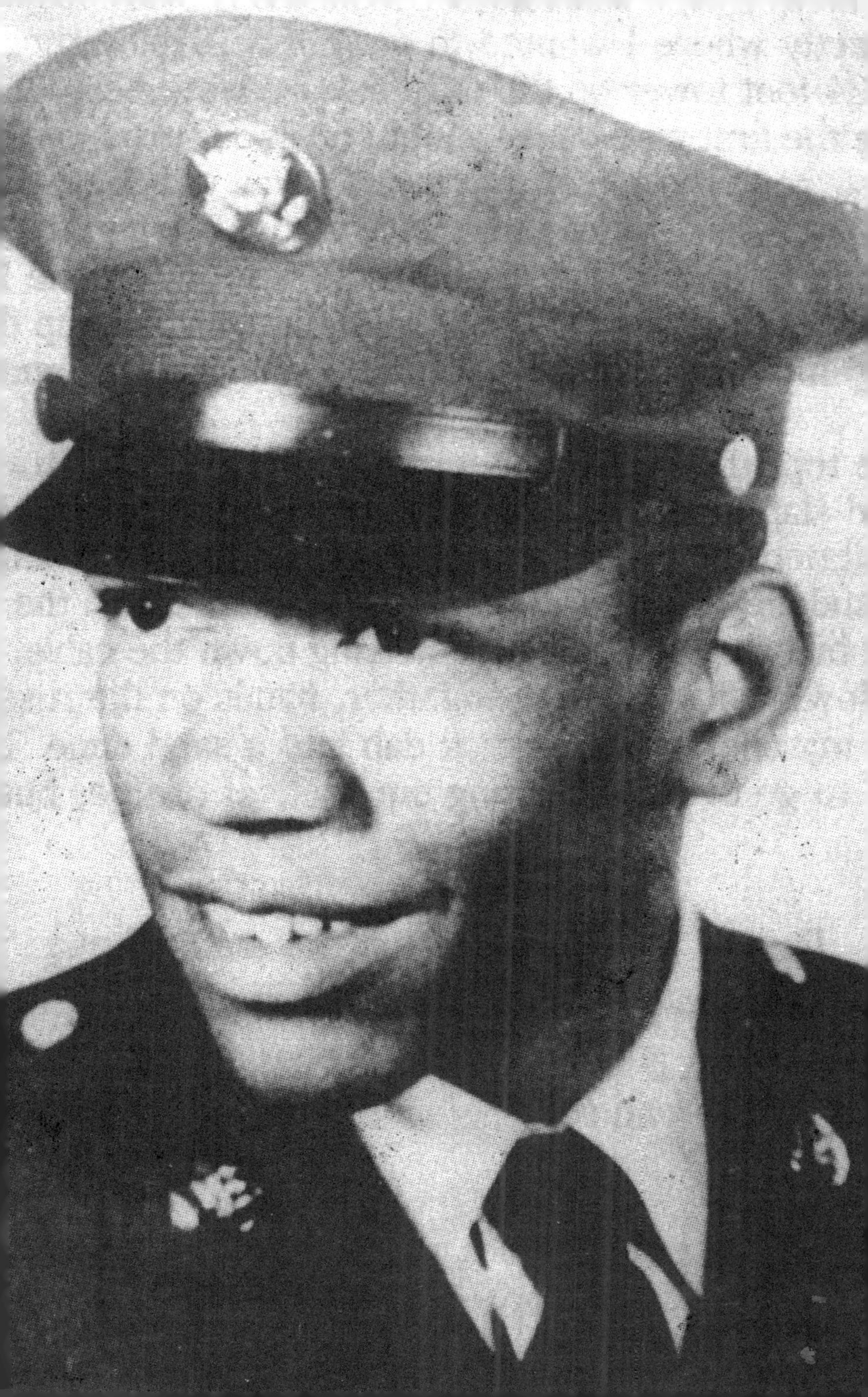

clima musical do Traffic fica evidente com o saxofone de Chris Wood e o órgão Hammond de Steve Winwood. Pouco antes do final, Jimi começa a "falar" com a guitarra, de uma forma extraordinária. Então chega o Tritão (*Merman*).

Nesse ponto aparece a poesia de Jimi, infelizmente imprecisa, não importa o enfoque que se use para entendê-la. Soa sincera e cheia de significado, mas a dicção de Jimi e a distorção proposital do vocal não ajudam em nada. Sobre as idéias adicionais da Lua afastando as marés, podemos notar uma percussão agradável de Mitch enquanto Jimi produz a impressão de ruídos de vento, marés e gaivotas de sua posição à mesa de som e na guitarra. Na época não parecia ter muito a ver com o Experience. E obviamente não tinha nada a ver com a imagem que haviam conseguido. Contudo, era uma nova direção, um par de anos antes da hora para Jimi e seus fãs.

É impressionante o balanço de *Still Raining, Still Dreaming*, incluindo o som do órgão tocado por Steve, e uma guitarra cheia de frases arrasadoras e sincronizadas com a bateria. Esse clima inspirado continua em *House Burning Down*, aparentemente uma trégua aos fãs mistificados pelo Tritão. Nos repiques de bateria, Mitch nem sempre volta no tempo exato, embora no geral o trabalho da bateria seja excelente. A música termina com um clima atraente, cromático. *All Along The Watchtower* era uma das favoritas de Bob Dylan, e tornou-se um ótimo veículo para o conjunto expressar-se. *Voodoo Chile (Slight Return)* é apenas uma breve volta ao tema, com Hendrix usando o efeito uá-uá na guitarra, de uma forma que seria imitada milhares de vezes, desde então. Lançou uma legião de fãs a formar grupos tocando o que seria conhecido como *eavy music*, significando uma grande ênfase em riffs agressivos e percussão brutal.

Na Inglaterra, ouvia-se falar em Hendrix cada vez menos, até que em maio de 1969 chegou a estarrecedora notícia de que ele fora preso no Aeroporto Internacional do Canadá. Chegou num momento em que as grandes estrelas do rock estavam sendo vigiadas, de uma certa forma. Mesmo assim, foi um golpe quando Jimi foi acusado de posse ilegal de narcóticos.

Foi libertado ante o pagamento de uma fiança de 10 000 dólares, e pôde realizar a apresentação em Maple Leaf Gardens. O caso abalou Jimi, cujas lembranças da prisão na Suécia tinham menos de um ano. A acusação penderia sobre ele durante a maior parte daquele ano, e o julgamento só começaria em 19 de junho. Somente em 19 de dezembro ele foi inocentado. O júri ficou reunido por oito horas e meia, mas as acusações de posse de heroína e haxixe foram refutadas. Jimi declarou: "Foi o melhor presente de Natal que já recebi de Toronto".

O Experience terminou oficialmente em novembro de 1968. Um dos raros compromissos britânicos fora no festival realizado pela revista *Melody Maker*, em Woburn Abbey, onde o Experience arrasou. Foi um momento emocionante a volta de Jimi, porém mais tarde ele diria: "Na verdade foi só improviso. Não tocávamos há muito tempo."

Alan Walsh da *Melody Maker* perguntou a ele por que a ausência de gravações desde *Axis: Bold As Love*.

Jimi respondeu: "As pessoas começavam a se aproveitar de nós. É esse cenário de: que-cereal-escolher-para-o-café-da-manhã. Uma escravidão pop. Senti que existia o perigo de virar a versão americana de Dave, Dee, Dozy, Mick e Tick. Não há nada de errado nisso, só que não é a nossa. Resolvemos terminar com esse clima e fazer nosso próprio trabalho. Eu estava ficando cansado da atitude dos fãs que pagaram uma casa e um carro e esperam que você faça o que querem para o resto da vida."

"Mas não podíamos dizer: danem-se, porque eles tinham também seus direitos, portanto decidimos que a melhor forma seria esfriar um pouco com as gravações, até que aparecêssemos com alguma coisa que desejássemos que todos ouvissem. Quero que as pessoas escutem o conjunto agora, o que estamos tocando agora, e gostando de tocar."

O momento ao qual Jimi se refere, naturalmente é o material de *Electric Ladyland*, como *Cross Town Traffic*, e *House Burning Down*.

"Todas as faixas são muito pessoais" declara Jimi. "É diferente do que já fizemos antes... e começa com uma imagem sonora do céu que dura noventa segundos. Sei que é o tipo de coisa que vai gerar críticas, portanto estamos colocando logo no começo para acabar logo. Não digo que é ótimo, mas é o Experience. Em algumas faixas o som é duro e pesado."

> “Eu gostaria que eles tivessem guitarras elétricas nos campos de algodão nos velhos tempos. As coisas teriam sido bem diferentes.”

Jimi também explicou porque passou tanto tempo nos Estados Unidos: “Sou americano. Quero que as pessoas lá me vejam. Sempre quis saber se podíamos fazer sucesso nos Estados Unidos. Curto a Inglaterra, mas não tenho lar em nenhum lugar. A Terra é meu lar. Nunca tive uma casa aqui. Não quero desenvolver raízes, porque posso ficar cansado e resolver mudar. Só vou entrar nessa de ter uma casa quando tiver certeza que não vou mudar outra vez.”

“O outro motivo para trabalhar nos Estados Unidos é que podemos fazer vinte vezes mais dinheiro por lá. E não existe mal nisso... precisamos comer, como todo mundo. Os Estados Unidos são um país muito grande. Quando se trabalha regularmente na Inglaterra, a gente acaba voltando aos mesmos lugares. Isso não acontece nos Estados Unidos.”

Outra observação brilhante de Jimi referente aos problemas nos Estados Unidos: “Só quero fazer o que estou fazendo, sem me envolver em problemas raciais ou políticos. Sei que tenho sorte em poder fazer isso... muitas pessoas não conseguem."

Mas Jimi revelou que enviara um cheque de 5 000 dólares ao Fundo Memorial Martin Luther King, porque acreditava que era uma forma de ajudar.

No início de 1968, o grupo fazia excursões pelos Estados Unidos. Em fevereiro foram de Paris para Nova York, até San Francisco, em 28 apresentações monumentais de costa a costa. Desde o Texas até o Canadá os ingressos se esgotavam antes da chegada do conjunto, e havia até uma quadrilha de cambistas agindo à sua frente em Nova York, no Texas e no Arizona. Foi durante essa viagem que Jimi voltou para sua cidade natal, Seattle.

"Encontrei minha família, e fomos felizes como de costume", declarou ele. "Gostei. Fui até o Colégio Garfield, a escola de onde me expulsaram quando eu tinha dezesseis anos. Fiz uma apresentação para os garotos de lá. Só eu. Toquei com a banda da escola no ginásio. A única coisa ruim é que foi às oito da manhã. Cancelaram a primeira aula para me ouvir."

Jimi também deveria receber uma condecoração do prefeito de Seattle, mas era o aniversário de Lincoln, um feriado nacional, e a cerimônia foi cancelada.

Jimi comparou essa fase de excursões aos dias distantes de suas excursões tocando soul como guitarrista: "Paga ruim, vida péssima e queimar a imagem... aquela época era assim. Com Little Richard, ele era a estampa, o destaque, e pronto. Era o Rei do Rock. Dizia que era o único a quem era permitido ser bonito... foi quando resolvi usar uma bela camisa porque estava cheio do uniforme do grupo. 'Tirem essas camisas', ele disse para mim e para um outro cara."

Depois de tanto trabalho, estava na hora de fazer uma pausa. Qualquer um que tenha presenciado um conjunto de rock em excursão ficaria surpreso com a quantidade de estamina necessária para suportar a rotina interminável de vôos (que podem por eles mesmos acabar com os nervos da gente), shows e quartos de hotel. Músicos acabam ficando cheios de quartos de hotel, aviões e comida de restaurante. Se não apelam para as drogas ou bebida, acabam se desgastando.

Foi o que aconteceu com o Experience. Em novembro de 1968 foi anunciado que o gru-

po seguiria caminhos separados. Jimi comentou: "Mitch e Noel querem começar alguma coisa deles, produzindo e agenciando outros artistas. Em Nova York nós vamos separar o grupo de acordo com nossa agenda. Oh, eu vou estar por perto, não se preocupe... fazendo uma coisa ou outra. Mas existem outros cenários que queremos explorar."

Foi nessa época que *All Along The Watchtower* de *Electric Ladyland* atingiu o sucesso na Inglaterra. "Foi legal, só que não tivemos voz ativa na escolha do material lançado. Mas estou contente que as pessoas não tenham esquecido a gente na Inglaterra. Não abandonamos ninguém. Somos como um bando de ciganos musicais viajando por todo lugar."

Em março de 1969, Jimi deu uma entrevista na qual lembrava as pressões no meio musical: "Esse é o problema com esse negócio. As pessoas enxergam um jeito fácil de ganhar dinheiro, e colocam você ali para ser escravo do público. Mantêm você nisso até que fique exausto, e o público também; depois vão cuidar de outras coisas. É por isso que os conjuntos se separam... eles vão ficando exaustos, os músicos querem cair fora depois de um tempo, ou então se perdem no rodamoinho".

Mitch e Noel apoiaram rapidamente a idéia de voltar para os Estados Unidos. Existe muita violência nos Estados Unidos, agora. Na verdade é um choque entre o novo e o velho. Eles fazem os negros e brancos lutarem uns contra os outros para poderem assumir e atacar quem sobrar."

"Se puderem colocar os Black Panthers contra os hippies... que são na verdade os jovens brancos... então estaremos de volta ao ponto em que começamos, há vinte anos atrás. É o que estão tentando fazer. Me incomoda o fato de que alguns negros agora não estejam sacando nossa música porque estão envolvidos demais com outras coisas."

A seguir, Jimi afirmou: "É engraçada a forma como as pessoas adoram os mortos. Uma vez que você esteja morto, está feito. É só morrer antes que eles pensem que você valha alguma coisa."

"E vou dizer uma coisa, quando morrer, não vou querer improviso. Me conhecendo como conheço, provavelmente serei preso em meu funeral. Vou fazer com que toquem tudo o que fiz musicalmente, tudo o

Jimi Hendrix no Olympia, Paris, 1966.

que eu gostei mais de fazer. A música vai ser bem alta, e vai ser *nossa* música. Não quero músicas dos Beatles, mas gostaria de ouvir alguma coisa de Eddie Cochran, e muito blues. Roland Kirk vai estar lá, e vou ver se Miles Davis está a fim. Por essas coisas, quase vale a pena morrer, só para ver o enterro."

Em fevereiro de 1969, Jimi realizou duas apresentações no Albert Hall de Londres, e já havia novo grupo de fãs para vêlo. No verão ele fez sua apresentação no Festival de Woodstock. Durante a maior parte de 1969, Jimi ficou no exílio, permanecendo em casa com alguns amigos. No início de 1970 ele revelou a Band of Gypsies. O nome veio da expressão que ele mesmo usara para definirse e ao conjunto, e o grupo incluía velhos amigos Billy Cox no baixo e Buddy Miles na bateria.

Editaram um LP "ao vivo" no Filmore East de Nova York, no Ano Novo, e a presença de Miles é fortemente sentida. Jimi toca bem, e as músicas, como a popular *Changes* de Buddy, soam bem. Mas existe uma atmosfera, uma certa ausência de relevo, difícil de definir. O acompanhamento é competente e a bateria de Buddy tem um pulso incendiário, o oposto ao estilo enfeitado de Mitch Mitchell. Músicas como *Who Knows*, que possuem cerca de nove minutos, apresentam pouca coisa fora do comum se comparadas à energia contagiante do Experience. Era uma fase nova, válida em sua própria forma, mas ainda não estabelecida.

Na apresentação no Madison Square Garden Jimi parou de tocar depois de alguns minutos e saiu do palco, dizendo que não estavam conseguindo o som certo.

Mais tarde, no decorrer do mesmo ano, ele começaria a trabalhar novamente com Mitch, mas ainda com Billy Cox no baixo. Em maio, Jimi declara: "Sempre foi minha idéia trocar de contrabaixista. Noel está definitivamente fora. Billy tem um estilo mais sólido, que se adapta melhor a mim. Não sei como me sinto sobre o Experience agora. Talvez pudéssemos ter continuado... mas qual seria a vantagem? É como um fantasma, agora. Morreu como as páginas viradas de um diário. Estou curtindo outras coisas e quero pensar sobre o amanhã, não sobre ontem."

"Não fiquei muito satisfeito com o disco do Band of Gypsies. Se dependesse de mim, nunca o teria lançado. Do ponto de vista de um músico não era uma boa gravação, e estou desafinando em alguns momentos. Não ensaiamos o suficiente. Devíamos um disco à companhia... eles nos pressionaram, e aí está o resultado."

Em agosto de 1970, Jimi voltou para a Inglaterra para apresentar-se no terceiro Festival da Ilha de Wight, um dos que contaram com a participação do maior números de astros. Ele voou direto de uma festa em Nova York pela inauguração dos estúdios Electric Lady, no qual ele tinha sociedade; estava cansado. Depois, ele, Mitch e Bill Cox não entraram no palco até as primeiras horas da manhã. Jimi fez um grande esforço para tocar bem, mas estava cansado e o conjunto ensaiara pouco. Mais tarde partiram numa excursão pela Europa, porém não avançaram além da Alemanha e do Báltico. Billy Cox ficou doente e eles abandonaram a excursão.

Deve ter sido uma época deprimente para Jimi, mas ainda assim ele continuava fazendo planos para o futuro. "Percorri o ciclo completo", declarou ele à revista *Melody Maker*, em setembro de 1970. "Estou de volta onde comecei. Dei tudo à essa era de música, mas ainda sôo da mesma forma. Minha música é a mesma, e não consigo pensar em nada de novo para acrescentar ao estado presente.

Quando acabou a última excursão americana, eu só queria me afastar e ficar longe de tudo. Só queria gravar para ver se era capaz de compor alguma coisa. Depois comecei a pensar. Pensar sobre o futuro. Pensar sobre essa era de música, iniciada pelos Beatles, que chegou ao fim. Algo novo precisa vir, e Jimi Hendrix vai estar lá.

Quero um conjunto grande. Não estou querendo dizer três harpas e quatorze violinos. Estou me referindo a um conjunto grande cheio de músicos competentes, que um só possa conduzir e compor. E com a música pintaremos quadros da Terra e do espaço, para que os ouvintes sejam transportados a outros lugares.

Enquanto eu estava ocupado em sumir nos Estados Unidos, fiquei com a impressão de que fui detonado na Inglaterra. Achei que eles tinham esquecido de mim por lá. Dei a eles tudo o que tinha. Talvez não me quisessem mais, porque tinham muitos conjuntos novos. Talvez estivessem dizendo: Tivemos Hendrix, sim, ele era legal. Pensei que estivesse com-

“ O passado é como as páginas amareladas de um diário de bordo. Mergulhei em coisas novas e só quero pensar no amanhã, não no ontem. ”

pletamente acabado por aqui.

A coisa que mais me incomodava era que as pessoas cobravam a parte visual da minha atuação. Eu nunca quis fazer muita coisa nesse sentido. Quando eu não fazia, as pessoas pensavam que eu estava sendo temperamental, mas só consigo pirar quando realmente me sinto assim.

Queria transmitir minha música, para que as pessoas pudessem se recostar na cadeira, fechar os olhos e saber exatamente o que estava acontecendo, sem me importar nem um pouco com o que estávamos fazendo enquanto estávamos no palco.

Acho que sou melhor guitarrista do que pensei. Aprendi muito. Mas preciso aprender muito mais sobre música, porque dentro desse meu cabelo existe muito mais coisa que precisa sair. Com o conjunto maior, não quero tocar tanta guitarra. Quero que outros músicos toquem meu material.

Quero ser um bom compositor. Ainda não sei em que direção iria minha composição no momento, mas descubro alguma coisa. Não pretendo fazer muitas apresentações ao vivo, porque pretendo desenvolver um som e lançar um filme com ele. É tão excitante, vai ser uma coisa audiovisual que você vai sentar, ligar e realmente deixar entrar pelos ouvidos e pelos olhos. Estou muito feliz, vai ser muito bom."

(In *Hendrix — A Biography*, Omnibus Press, London, 1982.)

JIMI HENDRIX
CRONOLOGIA

Uma Vida na Música

Harry Shapiro e Caesar Glebbeek

1942 — 1966

Nota: Todos os eventos neste segmento ocorreram em Seattle, a não ser os que possuem indicação em contrário.

1942 — *27 de novembro* — Nasce Johnny Allen Hendrix, às 10:15 da manhã, no hospital King County.

7 de dezembro — Registro do nome por Lucille Hendrix.

1945 — *4 de julho* — Johnny pega pneumonia e fica internado no hospital por alguns dias.

11 de novembro — Al Hendrix dá baixa no Exército, no dia do Armistício.

19 de novembro — Al consegue uma cópia da certidão de nascimento de Johnny.

Novembro — Al vai buscar Johnny com a sra. Champs, em Berkeley, na Califórnia, e eles voltam de trem para Seattle.

1946 — James ganha seu primeiro instrumento, uma gaita.

11 de setembro — Al troca o nome de Johnny Allen Hendrix para James Marshall Hendrix.

1948 — *8 de setembro* — James entra no jardim da infância, na escola Rainier Vista.

1949 — *Junho* — James viaja para Vancouver, na Columbia Britânica, para passar as férias (as primeiras de muitas).

5 de setembro — Começa a freqüentar a escola Dawson Annex, em Vancouver.

Jimi Hendrix no Saville Theatre, Londres, 1967.

Novembro — Volta para casa e para a escola Rainier Vista.

1950 — 1951 — Sai da Rainier Vista. Nessa época, seu apelido era Buster, e depois disso quis ser chamado de Jimmy. Ingressa na escola Horace Mann.

17 de dezembro — Al e Lucille se divorciam, e Al fica com a custódia de Jimmy, Leon Morris Hendrix e Joseph Allen Hendrix.

1952 — 1953 — Sai de uma escola, entra em outra, e também nos Escoteiros.

1954 — Começa a jogar futebol com os "Fighting Irish", onde permanece por dois anos na liga juvenil.

1955 — 1957 — Troca por três vezes de escola, e passa a jogar para o time de futebol "Capitol Hill Rough Riders".

1957 — Jimmy vai a uma apresentação de Elvis Presley, no Sicks Stadium.

1958 — Al compra um ukelele para Jimmy. Mais tarde, nesse mesmo ano, ele compraria seu primeiro violão, usado, por cinco dólares. Segundo Leon Hendrix, gostava de desenhar carros.

2 de fevereiro — Lucille morre no hospital King County.

1959 — Al compra um saxofone e a primeira guitarra elétrica para Jimmy. Ele realiza a primeira apresentação, no Arsenal da Guarda Nacional, perto de Kent, Washington. (O primeiro conjunto de Jimmy foi possivelmente chamado The Velvetstones). Depois entra no The Rocking Kings, onde tocava contrabaixo numa guitarra normal de seis cordas. Jimmy e seus companheiros de conjunto foram à casa de James Thomas, onde ele ensaiava com seu sobrinho, Perry Thomas. James passa a agir como "empresário" dos Rocking Kings. Pouco depois disso Jimmy troca de instrumento e passa a tocar guitarra-solo. O grupo apresenta-se no Polish Hall.

1960 — *20 de fevereiro* — Apresentação do grupo no Washington Hall.

Primavera — A formação do grupo agora apresenta apenas Jimmy como guitarrista, além do baterista, do contrabaixista e de dois saxofonistas. Começam a tocar regularmente no Birdland, até as férias de verão. Numa dessas apresentações, a guitarra de Jimmy foi roubada.

Mary Hendrix compra uma nova, que Al obriga Jimmy a devolver. Pouco depois, o próprio Al compra outra guitarra para o filho. Os Rocking Kings ganham um prêmio como segundo melhor conjunto do estado.

Verão — O grupo apresenta-se perto de Cottage Lake, em Washington, para duas mil pessoas. Logo depois acontece um desentendimento entre os membros do conjunto, que resultou numa formação truncada, precursora da dissolução total. Em seguida é fundado o Tomcats, que inclui James e Perry Thomas.

12 de julho — Primeira apresentação dos Tomcats no American Legion Hall. Durante o ano todo o conjunto teria uma agenda cheia, incluindo muitos compromissos em bases do Exército ou da Marinha.

Inverno — Junto com um amigo, Jimmy entra numa loja de roupas, roubando alguns suéteres, que depositou na caixa de doações para os necessitados da escola, no dia seguinte. Pouco depois, deixa a escola sem se formar. Tenta vários empregos, e acaba ajudando o pai no serviço de jardinagem por conta própria.

1961 — *2 de maio* — Jimmy é preso pela polícia de Seattle, por "levar um veículo motorizado sem permissão".

5 de maio — É novamente preso, desta vez por "levar e conduzir um veículo motorizado sem permissão do proprietário". Foi recolhido ao Centro de Recuperação Juvenil. No mesmo mês é julgado, e a sentença é suspensa, mas os incidentes ficam em sua ficha.

31 de maio — Jimmy se alista no Exército em Fort Ord, na Califórnia, inicialmente por oito meses, depois por um período de três anos. Durante esse período, só volta a Seattle por duas vezes.

Novembro — Jimmy conhece Billy Cox, em Fort Campbell.

1962 — Jimmy pede que mandem sua guitarra, e forma um trio com Billy Cox no contrabaixo e Gary Ferguson na bateria, chamado King Kasuals. Com formações adicionais, o King Kasuals toca no Club Del Morocco, em Nashville. Passam a apresentar-se freqüentemente ali.

2 de julho — Jimmy é dispensado do Exército por ter quebrado o tornozelo direito num salto de pára-quedas.

Setembro — Depois que Billy se desliga do Exército, os dois alugam uma casa em Clarksville, no Tennessee. Os King Kasuals realizam várias apresentações, e participam de uma excursão com Bob Fisher e os Barnevilles.

Jimmy e Billy Cox participam de uma gravação para Bill "Hoss" Allen, para a Standard-King Records, em Nashville. Allen declara: "Foi a gravação de Billy para a King Records... A guitarra de Jimmy estava tão fora de controle que não pude utilizar nada. Tirei tudo na mixagem do disco."

Inverno — Jimmy muda-se para Vancouver, para morar com sua avó Nora, e entra para o conjunto Bobby Taylor & os Vancouvers, e começa a tocar regularmente na boate Dante's Inferno.

1963—Jimmy retorna para Nashville, onde conhece "Gorgeous" George Odell. Começa a tocar com ele, e realiza duas excursões no primeiro semestre, em que tem a oportunidade de acompanhar vários artistas: Jackie Wilson, Sam Cooke, Slim Harpo, Tommy Tucker, The Supremes, Little Richard.

Março — Graças à intervenção de "Gorgeous George", Jimmy realizou algumas apresentações com os Upsetters, o conjunto que acompanhava Little Richard.

1964—Jimmy chega a Nova York, e consegue o primeiro lugar num concurso amador no teatro Apollo.

Março — Conhece os Isley Brothers e começa a gravar com eles. Acompanha-os em várias turnês durante o ano, inclusive a Seattle, onde fica um dia a mais e tem seu instrumento roubado novamente.

Novembro — Em Nashville, Jimmy desliga-se dos Isley Brothers. Conhece Steve Crooper e faz com ele uma fita demo. Aceita outra excursão como guitarrista, até Kansas City, onde perde o ônibus.

1965 — *Janeiro* — Jimmy encontra Little Richard, em Atlanta, E torna-se seu guitarrista fixo, por cerca de seis meses, fazendo espetáculos pelo país. Num desses shows, Jimmy é assediado violentamente pelas fãs, que o confundem com Little Richard. Acompanha também Ike e Tina Turner.

Junho — Jimmy deixa de tocar com Little Richard, em Nova York.

Julho — Assina um contrato de dois anos com a Sioux Records.

5 de agosto — Jimmy grava

Hendrix foi o pioneiro e inovador no uso e controle do som eletrônico.

com os Isley Brothers.

Outubro — Jimmy entra no grupo Curtis Knight e os Squires, passando a apresentar-se em Nova York, em lugares como o Purple Onion, o Queen's Inn, Ondine's e Lighthouse. Grava com esse grupo e com Joey Dee e os Starlighters, com quem excursiona.

Dezembro — Jimmy grava com Jaine Mansefield.

1966 — *Janeiro* — Jimmy entra no grupo de King Curtis, permanece seis meses, durante os quais apresenta-se e excursiona com o conjunto, realizando inclusive uma gravação da qual não existe mais registro.

Maio — Jimmy sai do grupo de Curtis e começa a tocar com Carl Holmes e os Commanders. Nessa época conhece Bob Dylan, no Greenwich Village, em Nova York.

Junho — Compra uma guitarra na loja Manny's, em Nova York, e forma o primeiro conjunto próprio: Jimmy James And The Blue Flames.

Julho _ Os Animals chegam de Londres para uma turnê nos Estados Unidos. Chas Chandler assiste Jimmy James And The Blue Flames no Café Wha, no Greenwich Village.

Agosto — John Hammond Jr. assiste Jimmy e entra no grupo depois de alguns ensaios. Começam a tocar no Café A Go Go.

Setembro — Termina a excursão americana dos Animals, com uma apresentação no Central Park, e Chas Chandler convida Jimmy para viajar até a Inglaterra.

23 de setembro — Jimmy recebe seu passaporte e embarca no mesmo dia.

24 de setembro — A primeira sessão de improviso na Inglaterra. Jimmy repetiria essas sessões com vários músicos e grupos, como o Cream, até o mês seguinte. Assim conhece Noel Redding, contrabaixista, e Mitch Mitchell, baterista. Muda a grafia do nome para Jimi.

Outubro — Começam os ensaios do Experience. Viajam para a França, onde acompanham Johnny Halliday.

Novembro — Depois de uma temporada de quatro dias em Munique, retornam para a Inglaterra, onde continuam funcionando como grupo de apoio, e Jimi concede sua primeira entrevista.

11 de dezembro — Jimi encontra Little Richard em seu hotel e lhe pede emprestado cinqüenta dólares.

1967 — *Janeiro* — Jimi Hen-

"Tenho pensado sobre o futuro. Esta era da música, que os Beatles deflagraram, está terminando. Alguma coisa nova virá e Jimi Hendrix estará lá."

drix e o Experience iniciam apresentações pela Inglaterra, fora de Londres na primeira quinzena. Gravam um programa de rádio e apresentam-se na televisão. A partir de então, apresentam-se regularmente em Londres, no $7^{1/2}$ Club. Causam impacto instantâneo no público, e Jimi é anunciado como "o homem que reúne Dylan, Clapton e James Brown numa só pessoa." Seu primeiro compacto, *Hey Joe*, é lançado.

29 de janeiro — Apresentação no Saville Theatre, em Londres, transmitida pelo rádio. O Experience executa *Hey Joe*, *Rock Me, Baby*, *Foxy Lady*.

4 de fevereiro — Apresentam-se no Ram Jam Club e no Flamingo, em Londres, cumprindo compromissos diários que muitas vezes resultavam em duas apresentações num só dia.

22 de fevereiro — Jimi apresenta-se no rádio, executando

Hey Joe. No mesmo dia comparece ao coquetel de lançamento do primeiro compacto da Soft Machine, com quem se apresenta à noite, no Roundhouse, em Londres.

3 de março — O Experience parte numa excursão de uma semana com apresentações na França e na Bélgica. Em seguida retornam a Londres.

12 de março — Jimi apresenta-se no Gyro Club, em Yorkshire, e o concerto é interrompido pela polícia por abrigar gente demais.

13 de março — Gravações em Amsterdã para a televisão holandesa.

17 de março — Lançamento do segundo compacto na Inglaterra, com a música *Purple Haze*.

18/19 de março — Apresentação no Star Club, de Hamburgo.

20 de março — Entrevistas para a Rádio Luxemburgo.

31 de março — Início de excursão pelo Reino Unido, com apresentações na Escócia, Wales, e Inglaterra, num total de 26 apresentações em um mês de viagem com o Experience, durante todo o mês de abril.

Maio — Jimi realiza gravações para a televisão inglesa e francesa, e continua realizando espetáculos. Num deles, declara: "Fãs que gritam parecem uma ninhada de porquinhos grunhindo..."

20 de maio — Apresentação do Experience em Gotemburgo, na Suécia. Nos dias seguintes, tocariam na Dinamarca, na Finlândia e na Alemanha, retornando à Inglaterra no final do mês.

29 de maio — O Experience participa do Barbeque 67, um show que reúne vários nomes da música: The Cream, Geno Washington e a Ram Jam Band, Pink Floyd, The Move, Zoot Money and His Big Roll Band, Sounds Force Five.

Junho — Jimi assiste ao show de Jose Feliciano, e "dá uma canja". Também comparece ao show do conjunto Turtles. Realiza gravações nos estúdios da Speakeasy, e viaja para os Estados Unidos.

18 de junho — Festival Internacional de Monterey, na Califórnia. Nesse dia, apresentam-se Ravi Shankar, Blues Projecto, Buffalo Springfield, The Who, Grateful Dead, Jimi Hendrix e o Experience, The Mammas & The Papas.

Até o final do mês permanece realizando espetáculos na Califórnia, em San Francisco, Los Angeles e Santa Bárbara.

5 de julho — Jimi participa

do Rheingold Festival, no Central Park, em Nova York.

8 de julho — Início da excursão com os Monkees pela Flórida, Carolina do Norte e Nova York. Num das apresentações no Forest Hill Stadium, uma garota interrompe a música, gritando que não agüentava mais coisas psicodélicas...

18 de julho — Final da excursão, e Jimi inicia novas gravações nos estúdios Mayfair, em Nova York. Em seguida apresenta-se no no Café A Go Go, e no Salvation, realizando sessões de improviso com John Hammond e Eric Clapton, de madrugada.

9 de agosto — Início de uma temporada de uma semana em Washington DC, onde é preso por atravessar a rua em lugar proibido.

18 de agosto — Apresentação no Hollywood Bowl, com The Mammas & The Papas e Scott Mackenzie.

22 de agosto — Regresso à Inglaterra, realizando apresentações de músicas ao vivo na televisão, em Lancashire e Londres ("The Burning Of The Midnight Lamp").

27 de agosto — A estréia de Jimi no Saville é adiada em virtude da morte de Brian Epstein.

31 de agosto — Programa para a televisão alemã, em Berlim.

Setembro — Excursão para a Suécia, onde Jimi realiza dez shows, retornando na metade do mês. Retorna para Londres, e toca de improviso com Eric Burdon & The Animals, no Bluesville Club.

16 de setembro — Jimi é eleito "Melhor Músico do Mundo", pela revista *Melody Maker*, e recebe o prêmio correspondente.

Outubro — Depois de realizar gravações para a televisão inglesa, Jimi viaja para a França, onde se apresenta no Olympia de Paris, e faz apresentações especiais para a televisão francesa. Retorna à Inglaterra para vários shows e gravações, até o final do mês.

8 de novembro — Gravações para a televisão holandesa, em Roterdã.

14 de novembro — Início da segunda turnê pelo Reino Unido, da qual participaram também Pink Floyd, The Move, Outer Limits, Amen Corner, Eire Apparent, The Nice, MC Pete Drummond. As apresentações realizam-se em Londres, Liverpool, Cardiff Wales, Bristol, Manchester, Belfast, Chatham, Brighton, Nottingham, Newcastle e Glasgow.

27 de novembro — Jimi ganha um bolo de aniversário fora do palco.

5 de dezembro — Encerramento da turnê com um concerto no Green's Playhouse, em Glasgow, na Escócia. Depois Jimi retorna à Inglaterra, onde mantém intensa vida social, com entrevistas de rádio, apresentações na televisão e filmagens promocionais. Ainda encontra tempo para assistir a um show dos Moody Blues e fazer sessões de improviso com vários músicos.

22 de dezembro — Jimi apresenta-se no "Christmas On Earth Continued", no Olympia de Londres. No palco, nomes como The Who, Eric Burdon & The Animals, The Move, Pink Floyd, Keith West & Tomorrow, Soft Machine, Paper Blitz Tissue, Traffic, Graham Bond Organization, Sam Gopal Dream, Jeffrey Shaw & The Plastic Circus. O espetáculo foi totalmente registrado em filme, inclusive nos bastidores.

Natal — Correm rumores de que Jimi Hendrix fantasiou-se de Papai Noel numa festa de crianças. Passa o Natal com Bruce Fleming e sua família. Depois começa uma sessão de improviso da qual participam Dave Manson, Eric Burdon e Harry Hughes.

Ano Novo — Jimi vai a uma festa de Ano Novo na qual toca *Auld Lang Syne* numa versão de 30 minutos.

1968 — *1º de janeiro* — Entrevista numa rádio de Londres.

3 de janeiro — Viagem para a Suécia, para cumprir dois compromissos. Após o primeiro show, Jimi é preso em Gotemburgo, por destruir o quarto de hotel. Passa a noite na cadeia, pede desculpas, e é libertado mediante pesada fiança. Cumpre seus compromissos naquele país, na Dinamarca e na França.

30 de janeiro — Chegada aos Estados Unidos. Jimi comparece à recepção "Os ingleses estão chegando", onde concede entrevistas para rádios, revistas e televisão.

1º de fevereiro — Inicia uma série de dez shows na Califórnia apresentando-se em San Francisco com Albert King, John Mayall Bluesbrakers, Soft Machine.

12 de fevereiro — Apresentação em Seattle. Jimi aproveita para visitar o Ginásio Garfield, onde estudou. Toca para os alunos.

Fevereiro — O restante do mês é passado em excursão pelo Texas, Pensilvânia, Michigan, Illinois, Wisconsin e um show no Canadá. Durante todo o tempo realiza sessões de im-

Jimi Hendrix Experience e Arthur Brown, 1967.

"As vezes acho que minha mente consegue voltar a um tempo onde eu era um cavalo alado."

proviso com músicos que conhece pelo caminho.

Março — O Experience realiza dezoito apresentações, entre vários estados americanos, além de um show no Canadá. No Scene de Nova York, no início do mês, ele realiza uma sessão de improviso com Jim Morrison tocando gaita.

15 de março — Jimi é eleito o "instrumentista do ano" pela revista *Hitweek*, da Holanda.

29 de março — Em Chicago, Illinois, o Soft Machine apresentou-se normalmente para o público da Universidade de Chicago, e Jimi subiu ao palco para tocar. Porém os amplificadores estavam apanhando interferência radiofônica, e Jimi saiu e recusou-se a tocar.

2 de abril — Realização de um concerto na Paul Sauve Arena, em Quebec, no Canadá.

20 de abril — O Experience grava no Record Plant, em Nova York, até o início do mês seguinte.

18 de abril — Apresentação no Miami Pop Festival, em Hallandale, Flórida. Além do Experience, apresentaram-se nos dois dias de duração: Mothers of Invention, Crazy World Of Arthur Brown, Blue Cheer, John Lee Hooker.

23 de abril — Milão, Itália. Primeiro show cancelado, pois o equipamento não chegou a tempo. Jimi apresenta-se em Roma e Bolonha antes de retornar para os Estados Unidos.

30 de abril — Jimi atravessa novamente o Atlântico para tocar outra vez na Europa, desta vez em Zurique, participando do Monster-Konzert. Além do Experience, apresentaram-se: The Move, Anselmo Trend, Small Faces, Koobas, John Mayall, Eric Burdon & The Animals, Eire Apparent. O espetáculo dura dois dias.

Junho — Depois de retornar no início do mês para a Inglaterra, o Experience vai para Nova York iniciar nova série de gravações, e aproveita para tocar com vários músicos, como Jeff Beck, Eric Clapton, e Larry Coryell.

28 de junho — Jimi comparece a um show beneficente em Nova York para o Fundo Memorial Martin Luther King e faz uma doação de $5.000.

6 de julho — O Experience participa do Woburn Music Festival, na Inglaterra, com vários outros grupos.

15 de julho — Jimi apresenta-se em Palma de Majorca, na Espanha. Tocam clássicos como *Johnny B. Goode* e *Lucille*.

25 de julho — Mais uma vez o Jimi Hendrix Experience viaja para os Estados Unidos, iniciando pelos estados do sul uma série de apresentações por todo o país, acompanhado na maioria deles pelo Soft Machine e Vanilla Fudge. Chega a fazer um espetáculo em Honolulu, no início de outubro.

25 de outubro — Lançamento do terceiro LP do Experience, *Electric Ladyland,* na Inglaterra. Jimi encontra-se gravando em Hollywood, onde permanece até o final do mês.

Novembro — O Experience retoma as apresentações pelos Estados Unidos, apoiado dessa vez pelo grupo Cat Mother. Realizam mais doze espetáculos.

28 de dezembro — Jimi é eleito o "artista do ano" pela revista *Billboard*.

1969 — No primeiro dia do ano Jimi grava em Nova York. No dia seguinte retorna à Inglaterra, onde concede entrevistas para rádio e televisão.

9 de janeiro — Show em Estocolmo, na Suécia, com o Jethro Tull.

10 de janeiro — Show em Copenhague, na Dinamarca.

11 de janeiro — Início de uma série de apresentações na Alemanha, show em Hamburgo com o Eire Apparent.

20 de janeiro — Espetáculo

em Estrasburgo, na França.

22 de janeiro — Show em Viena, na Áustria.

23 de janeiro — Show em Berlim.

1º de fevereiro — Jimi é eleito "Performer do Ano" em 1968 pela revista *Rolling Stone*, dos Estados Unidos.

14 de fevereiro — De volta à Inglaterra, recebe o prêmio de "Melhor Músico do Mundo", concedido pela revista *Disc And Music Echo*, da Inglaterra.

18 de fevereiro — Apresentação no Royal Albert Hall, com Soft Machine, Mason, Capaldi, Wood & Frog.

21 de fevereiro — Jimi Hendrix recebe o prêmio de "Melhor Instrumentista do Mundo", concedido pela revista *Hitweek*, da Holanda.

24 de fevereiro — Nova apresentação no Royal Albert Hall.

Março — No início do mês é concedida uma entrevista de dois dias a Jane de Mendelssohn. Permanece na Inglaterra fazendo sessões de improviso com músicos como Billy Preston e Roland Kirk. Viaja para os Estados Unidos, onde se dedica a gravações em Nova York e depois viaja para a Califórnia.

Abril — Apresentações na Carolina do Norte, Pensilvânia, Tennessee, Texas e Califórnia.

3 de maio — Chegada ao Aeroporto Internacional de Toronto, no Canadá. Jimi foi preso às 13:30, sendo libertado mediante pagamento de dez mil dólares de fiança. Precisa voltar no dia 5 para uma audiência preliminar, marcando a definitiva para dali a duas semanas.

30 de maio — O Experience faz a primeira de três apresentações no Havaí, em Honolulu.

Junho — Jimi muda para Beverly Hills, e convida Billy Cox para morar com ele. Ali dá entrevistas para Nancy Carter, Jerry Hopkins, da *Rolling Stone*, e Ritchie Yorke, do *Los Angeles Times*.

19 de junho — Jimi comparece à audiência em Toronto, no Canadá. O julgamento é marcado para o mês de dezembro.

20 de junho — Apresentação no Denver Pop Festival, em Denver, no Colorado, ao lado de: Aum, Zephyr, Three Dog Night e Joe Cocker. Pela primeira vez, o Jimi Hendrix Experience apresenta a música *Bold as Love*. Esse foi o último show do Experience, pois Noel deixa o grupo.

Julho — Jimi aluga uma casa perto de Shokan, Nova York. Nesse período Jerry Velez e Juma Sultan, ambos percussionistas, entram no grupo. Billy

Hendrix reinventou a guitarra com seu brilho e virtuosismo.

Cox ingressa como contrabaixista, e Larry Lee, tocando guitarra. Por volta da metade do mês, Jimi passa uma semana de férias no Marrocos, com Deering Howe e Michael Jason.

Agosto — Entrevista ao vivo transmitida pela ABC de Nova York, onde Jimi fala de suas novas idéias para um conjunto.

18 de agosto — Festival de Woodstock, no estado de Nova York. Primeira aparição pública do Gypsy Sons And Rainbows, o novo grupo, composto de Billy Cox, Mitch Mitchell, Larry Lee, Juma Sultan e Jerry Velez. Começaram a tocar às 8:00 e encerraram o festival.

5 de setembro — O Gypsy Sons And Rainbows participa de um festival beneficente de rua no Harlem.

10 de setembro — Apresentação no Salvation, em Nova York.

Outubro — Jimi desfaz o Gypsy Sons And Rainbows, e forma o Band of Gypsies, com Billy Cox no contrabaixo e Buddy Miles na bateria. Passam todo o mês de novembro no estúdio, em Nova York, preparando o disco seguinte.

27 de novembro — Jimi comemora seu vigésimo sétimo aniversário, e comparece ao Madison Square Garden para assistir a um show dos Rolling Stones.

8 de dezembro — Início do julgamento de Jimi em Toronto, no Canadá. Depois de três dias, o júri passa oito horas reunido em deliberação, para finalmente pronunciá-lo inocente. Todas as acusações são refutadas. De volta a Nova York, retomam as gravações.

31 de dezembro — Primeira apresentação do Band of Gypsies, em Nova York.

1970 — *Janeiro* — Depois de uma apresentação no dia 1º, a maior parte do mês é passada no estúdio da Record Plant.

28 de janeiro — Apresentação no Festival de Inverno pela Paz, no Madison Square Garden. Além da Band of Gypsies, sobem ao palco Harry Belafonte, Dave Brubeck, Judy Collins, Peter, Paul & Mary, Blood, Sweat & Tears, The Rascals, Ritchie Havens, Mother Earth, Voice Of East Harlem, Hair. Nesse dia Jimi sai do palco depois de tocar *Who Knows*, e *Earth Blues*, tornando esta a última apresentação ao vivo da Band of Gypsies.

13 de março — Jimi vai ao show do Rubber Duck, no Revolution Club, em Londres. Depois de realizar gravações na Inglaterra, ele retorna aos Estados Unidos.

25 de abril — Início da turnê *Cry of Love*. Primeira apresentação em Los Angeles.

22 de maio — Jimi fica doente e cancela três apresentações.

12 de junho — *Band of Gypsies* lançado na Inglaterra.

Junho/julho — A excursão continua, num ritmo que o próprio Jimi achava exaustivo, percorrendo o país inteiro.

23 de julho — Apresentação no segundo Festival Internacional Pop de Atlanta, na Geórgia. Também tocam: Rare Earth, Chambers Brothers, Lee Michaels, Jethro Tull, Cactus, Cat Mother, Rotary Connection, The Gypsy.

26 de julho — Apresentação no Havaí, realizando o Experiência Vibratória de Som e Imagem, em Rainbow Bridge.

1º de agosto — Show no Arena, em Honolulu, no Havaí, que viria a ser o encerramento da turnê *Cry of Love*, e a última apresentação em território americano.

22 de agosto — Ultima sessão de gravações de Jimi, no Electric Lady Studios, em Nova York.

26 de agosto — Comparece às festividades oficiais de inauguração do Electric Lady Studios. Em seguida apanha o vôo para Londres.

29 de agosto — No hotel Londonderry, em Londres, Jimi concede uma série de entrevistas: Roy Hollingworth, para a Melody Maker; Mike Ledgerwood, para a Disc & Music Echo; Bob Partridge para a Record Mirror; Norman Joplin para Music Now; Steve Clackson para Bild am Sonntag. Nesse mesmo dia viaja para Stapleford, e de lá apanha o vôo para a ilha de Wight.

30 de agosto — Apresentação no Festival da Ilha de Wight, em que Jimi chega cansado da viagem e demora para subir ao palco. Também participaram Kris Kristofferson, Ralph McTell, Heaven, Free, Donovan, Pentagle, Moody Blues, Jethro Tull, Joan Baez, Ritchie Havens e Leonard Cohen. Nesse show Jimi toca o *God Save The Queen*.

31 de agosto — Apresentação na Suécia, em Estocolmo.

1º de setembro — Apresentação em Gotemburgo.

2 de setembro — Na Dinamarca, é entrevistado por Anne Bjorndal para o *Morgenposten*, no Hotel Atlântico. Inicia sua apresentação noturna, toca três músicas, e é obrigado a parar por pura exaustão.

3 de setembro — Show em Copenhague, seguindo viagem para Hamburgo, via Berlim.

4 de setembro — Participa

> “Na escola o professor mandava pintar uma maçã pousada sobre a mesa mas eu preferia imaginar um pôr de sol em Marte.”

do “Super Concert 70”, em Berlim. Outros grupos que se apresentaram: Murphy Blend, Procol Harum, Canned Heat, Ten Years After, Cat Mothers.

6 de setembro — Jimi Hendrix apresenta-se no “Love And Peace Festival”, na ilha de Fehmarn. Esse show vem a tornar-se sua última apresentação oficial. Sai de helicóptero, logo depois de tocar, para Hamburgo, de onde retorna a Londres.

10 de setembro — Registra-se no Hotel Cumberland, alugando dois quartos, onde raramente permanece.

11 de setembro — Entrevista concedida a Keith Altham, para a BBC e a Record Mirror.

15 de setembro — Jimi registra-se no Hotel Samarkand, Notting Hill, Londres. Nesse dia vai a um show de Eric Burdon & War. No dia seguinte, toca junto com eles, numa sessão de improviso.

17 de setembro — Jimi Hendrix compõe sua última canção: *The Story Of Life*.

18 de setembro — Uma ambulância foi chamada às 11:18, e chegou às 11:27. Saiu do Hotel Samarkand às 11:45, e chegou por volta das 12:00 ao Hospital St. Mary Abbots, em Kensington, Londres. Ali foi declarado "morto ao chegar".

23 de setembro — Um inquérito é aberto, mas é adiado à espera de testes posteriores.

28 de setembro — No atestado de óbito de Jimi Marshall Hendrix a causa da morte permaneceu em aberto.

29 de setembro — Gerry Stickells leva de avião o corpo de Jimi para Seattle, sua cidade natal, nos Estados Unidos.

1º de outubro — O funeral é realizado na Igreja Batista Rainier, em Renton, Washington. Jimi é enterrado no Cemitério Greenwood. Entre outros, estiveram presentes ao funeral: Al Aronowitz, Eric Barret, rev. Harold Blackburn, Miles Davis, Alan Douglas, Freddie Mae Gautier, Dolores Hall, Eddie Hall, John Hammond Jr., Al Hendrix, Ayako June Hendrix, Janie Hendrix, Leon Hendrix, Nora Hendrix, Tom Hullet, Abe Jacobs, Michael Jeffery, Eddie Kramer, Buddy Miles, Mitch Mitchell, Steve Paul, Noel Redding, Gerry Stickells, Chuck Wein, Devon Wilson, Johnny Winter.

JIMI HENDRIX
POR ELE MESMO

A Entrevista de Paris

Pouco mais de um ano após deixar a cena boêmia do Greenwich Village nova-iorquino, onde — depois de tocar como músico de apoio de Little Richard, Otis Redding e B.B. King — estava tentando fazer seu nome como artista, Jimi Hendrix, aos 21 anos, foi eleito melhor músico pop do ano de 67 pelos leitores do Melody Maker.

Doze meses também separam duas apresentações de Hendrix no Teatro Olympia, de Paris. Na primeira , o Jimi Hendrix Experience tocou em público pela primeira vez. Na segunda o trio já era headiner. *Foi durante essa temporada em Paris que Mike Henessey obteve essa entrevista com o guitarrista. Com seu cabelo estilo "porco-espinho eletrocutado", suas botas de pele e seu jeito extremamente extravagante de se vestir — suas roupas parecem ser feitas de ervas e fungos costurados — , Jimi Hendrix leva todo jeito de ser um cara difícil de entrevistar*

Nada disso. As roupas não foram problema, porque Jimi concedeu a entrevista pelado, descansando na cama do hotel. E apesar da falta crônica de oportunidade para dormir nos últimos dias — um problema inevitável, quando se está em Paris — , ele foi o tempo todo simpático, natural e relaxado. Nem mesmo as perguntas mais provocativas conseguiram alterar seu humor. De vez em quando, confrontado com uma pergunta impertinente, ele simplesmente enfiava a cara no travesseiro e ria.

Submeter uma pessoa a perguntas complicadas enquanto

Jimi numa pausa no Saville Theatre, Londres, 1967.

ela tenta dormir depois de ficar gandaiando a noite inteira é um ótimo teste. Dá para descobrir na hora se ela tem "espírito igualitário", se é paciente, se tem saco, enfim. Pois Jimi não fez cara feia nem uma vez. Nem durante a entrevista, nem depois, quando seu road manager *veio tirá-lo da cama para uma sessão de fotos. Justamente quando ele estava decidido a dormir pelo menos umas duas horas...*

Depois de um ano morando na Inglaterra, qual é a sua opinião sobre o país?

A Inglaterra é OK, mas eu gostaria de tocar em mais lugares do país. Sinto falta de tocar em lugares diferentes, como a gente sempre fazia. Mas o problema é que agora a gente anda gravando muito mais e fazendo muito mais shows pelo mundo, então não temos muita chance de tocar na Inglaterra. A gente costumava tocar uma noite em cada cidade, mas agora simplesmente não é mais possível.

Como você compara a cena pop inglesa com a americana?

Ah, é mais ou menos a mesma coisa. Nos EUA agora o que está rolando é o som da Costa Oeste. San Francisco, e tem também o som da Motown e parece que está emergindo um estilo mais chão, que eu gosto muito. The Eire Apparent, o grupo inglês de rhythm'n blues com quem tocamos no Saville, é muito bom. E e gostei do último disco do Marmalade.

Você está mais feliz na Inglaterra do que quando morava nos Estados Unidos?

Sim, nos EUA eu estava sempre tocando atrás de outras pessoas, e era difícil conseguir me conter. No começo tudo bem, mas depois você chega num ponto em que fazer parte da banda de apoio se torna insuportável. Claro que foi uma grande experiência tocar atrás de Joey Gee, Little Richard, Chuk Jackson, Jackie Wilson, B.B. King, Otis Redding, The Isley Brothers e tal — mas é muito melhor agora, que eu tenho meu próprio grupo.

Quando você começou a tocar guitarra?

Profissionalmente, desde os dezesseis ou dezessete anos, há uns seis anos. Meu primeiro show foi em Seattle, onde eu nasci. Ganhei 75 centavos e três hambúrgueres. Depois disso, trabalhei e morei em tudo que é canto dos States.

Você planeja voltar para lá?

Por enquanto, não. Quero ficar na Inglaterra, e parece que não vai haver nenhuma dificuldade de conseguir a permissão de trabalho, enquanto eu for um bom menino. Mas eventualmente eu gostaria de voltar para os EUA e comprar uma casa em Hollywood.

Você sofreu com o preconceiro racial na Inglaterra?

Não. Não me envolvo com isso, a não ser que alguém venha me encher.

Mas como você, sendo negro, pode deixar de se envolver com o problema racial?

Simplesmente nem penso a respeito.

O que você acha do conceito de black power?

Não penso a respeito. Tem muita conversa idiota rolando dos dois lados. Eu penso nas coisas em termos de pessoas.

Você não acha que a cultura negra tem sido explorada muito mais em proveito dos brancos do que dos negros?

Olha, cara, tem muita gente que fala coisas assim — mas isso é egoísta e estúpido. Sou a favor de deixar que o melhor cara leve. Se você consegue tocar a música dos negros,está legal para mim. Você pode ser branco, negro ou púrpura, se alguém gosta o suficiente da sua música a ponto de ser inspirado por ela, ótimo. É cretino dizer que certo tipo de música só pode ser tocado por negros. Sério, algumas pessoas parecem pensar com sua rótula, sei lá. A cor não faz a menor diferença. Veja Elvis. Ele cantava muito melhor quando cantava blues do que quando começou a cantar aquelas bobagens tipo turma da praia. Ele cantava blues muito bem e no entanto era branco.

Quais foram as suas influências?

Muita gente. Chuck Berry, Buddy Holly, Muddy Waters e vários artistas de blues. Fui muito influenciado por bluesmen quando comecei.

Como você descreveria o tipo de música que você está fazendo agora?

Não penso a respeito, até que as pessoas tentam rotulá-la. Vamos dizer que faço música *freak and funky*.

Seu show foi criticado nos EUA por ser erótico demais. O que você acha disso?

Bem, suponho que essa história começou porque tocamos num mesmo show junto com os Monkees, e o contraste foi grande. Nunca tínhamos tocado para uma audiência realmente jovem, e você tem de considerar que os pais nos EUA são diferentes dos pais na Inglaterra. Na América, os pais interferem muito mais na vida dos filhos. E claro que além disso existe um monte de organizações caretas e conservadoras lá.

Mas você acha que seu show é erótico demais para a garotada?

Não. Não é realmente erótico. Rola um certo sexo, eu suponho, me movo de certas maneiras, e as garotas perto do palco ficam com umas expressões engraçadas nas faces. Mas não é explicitamente *sexy*. O principal é passar as letras. E eu também gosto de me divertir no palco, fico cansado de ficar lá paradão. Nossa música não é muito organizada, nós subimos no palco e aí é que decidimos o que tocar. Nem temos uma *set list* [lista com o programa de cada noite que toda banda tem, geralmente pregada no chão ou em instrumentos], tocamos tudo na hora, de ouvido. Então, qualquer coisa pode acontecer.

O que você achou de ser escolhido o melhor músico na votação da Melody Maker*?*

Estou realmente surpreso pelo sucesso que consegui. Ainda não entendi direito a coisa. Mas estou feliz, claro. Quando começamos a tocar, as pessoas pareciam ter enormes pontos de interrogação na cara — não dava para saber se elas estavam gostando ou não. Parece que elas estavam.

Você teve uma infância feliz?

Passei a maior parte da infância nas casas da minha tia e da minha avó. Minha mãe e meu pai tinham muitos problemas. Meu irmão e eu íamos viver em casas direrentes, porque meus pais viviam se separando. Na maior parte do tempo, era meu pai quem cuidava de mim. Ele foi operário, jardineiro e eletricista. Mas não éramos muito ricos.

Você ainda mantém contato com sua família?

Sim, de vez em quando escrevo para casa.

Mas você saiu de casa aos dezesseis.

É. Entrei para o Exército — e

Hendrix se apresentando no Monterey, Califórnia, 1967.

me entediei para cacete, no Exército sempre tem algum babaca te dizendo o que fazer. Fiquei lá quinze meses, aí quebrei meu tornozelo e machuquei minhas costas pulando de pára-quedas — pulei umas 25 vezes. Mas o Exército tem um clima realmente ruim. Eles não me deixavam fazer nada ligado à música. Eles é que te dizem por que tipo de coisa você se interessa, você não tem a menor chance de escolher. O Exército é para gente que gosta que outras pessoas lhes digam o que fazer.

Foi depois que você saiu do Exército que decidiu montar seu próprio grupo?

É. Enquanto eu estava tocando *backing* para outros artistas, sempre pensei que algum dia iria fazer meu próprio lance. Mas demorou algum tempo até eu conseguir. Algumas coisas eu faço impetuosamente. Isso eu tive de esperar para conseguir.

Você montou seu grupo ainda quando estava no Village?

Sim, e foi bastante difícil no começo. Muitas vezes eu não sabia de onde viria minha próxima refeição. As pessoas diziam: "Se você não arrumar um emprego vai acabar morrendo de fome". Mas o único trabalho que eu queria era a música. Tentei trabalhar em outras coisas, cheguei a entregar carros, mas eu sempre largava depois de uma semana ou algo parecido. Eu ficava preocupado de não estar ganhando dinheiro, mas nunca o suficiente para roubar um banco. Aí pintou o Chas Chandler e eu decidi que ia tentar na Inglaterra, nunca tinha estado lá antes. As gravadoras só começaram a mostrar algum interesse por mim quando eu estava tocando no Café A Go Go.

Que tipo de coisas te incomodam na indústria fonográfica?

Tem muitas coisinhas que me incomodam, mas no momento não me ocorre nada em particular.

Você perde a paciência, fica furioso às vezes?

Bom, às vezes, quando você está descansando depois de trabalhar por dezoito horas seguidas e está a fim de comer alguma coisa tranqüilamente, e chegam uns garotos pedindo autógrafos e fotos, — chateia. Acho isso uma completa falta de consideração. Nesse negócio, você não tem a menor vida pessoal, particular,

“Minha música: um fio de aço que se estende até o infinito.”

As pessoas que trabalham em escritórios podem ter uma vida particular. Nós, não.

Você tem muitas namoradas?

Nos Estados Unidos eu tinha milhões. Foram elas que me salvaram de morer de fome quando eu estava no Village um ano e meio atrás. Eu não tinha nada, nem dinheiro, nem trabalho. Chegaram até a roubar minha guitarra. Mas essas garotas me ajudaram. Uma delas até comprou uma guitarra para mim.

Mas as garotas também podem se tornar um problema, não?

É, às vezes é um problema tentar ser legal com todas elas ao mesmo tempo. Se uma garota te convida para ir para casa dela e você diz não, ela começa a pensar que você é mascarado. E metade delas faz as perguntas mais estúpidas, como qual foi a última vez que você viu John Lennon, e se você não poderia arrumar os autógrafos do Box Tops. Além do que, sempre aparecem rivalidades entre as garotas. Elas ficam se orgulhando, falando para as amigas: "Ah, já transei com ele". Ou então "como será que é dormir com John Walker?" Sempre há as que querem dormir com você. Mas com algumas dá para conversar.

Você encontra muito com gente que acredita que homens negros são mais viris que os brancos?

Sim, já ouvi isso. Mas é conversa. Não tem nada a ver com cor, é só outra generalização estúpida. Como dizer que as garotas suecas não têm senso de humor. Pois eu fui à Estocolmo e encontrei algumas superbem-humoradas.

Grupos pop geralmente têm privilégios e oportunidades muito maiores quando se trata de sexo. Você acha que eles devem tentar passar um exemplo moral?

Eu acho que grupos pop têm direito a sua vida particular, como já disse. Devem ser julgados pelo que fazem no palco, como cantores e músicos. A vida privada deles é problema deles, e é melhor que o público não saiba sobre ela. Não se pode esperar que artistas sejam comportadinhos o tempo todo. De qualquer forma, os garotos não são tão estúpidos e facilmente influenciáveis quanto algumas pessoas acham. Eles têm bom senso. Se um garoto decide fazer uma coisa ruim para ele seguindo o exemplo de algum *pop star*, é porque provavelmente acabaria fazendo a coisa de qualquer jeito.

Você é religioso?

Acredito que deve existir alguma espécie de Deus — mas há tantas religiões diferentes. Acredito que os seres humanos, de alguma maneira, simplesmente acontecem. Tantas coisas não têm explicação. Eu não falo muito sobre religião. Quando era garoto, me mandaram ir na igreja e um dia alguém ficou excitado demais durante a cerimônia e me deu uma cotovelada no olho. Acho que isso me esfriou para essas coisas. Suponho que as pessoas têm que acreditar em alguma coisa, elas sentem que têm de ser dirigidas. Que têm de ter algo que as lidere, seja isso verdadeiro ou não.

E em que você acredita?

Acredito em mim mais do que em qualquer outra coisa. E acho que isso é uma maneira de acreditar em Deus. Se existe um Deus e ele criou você, o fato de você acreditar em si faz com que automaticamente acredite nele.

Para um número cada vez maior de pessoas, a maconha parece ter se tornado um substituto para a religião. Qual é a sua visão sobre o fumo?

Penso que dentro de cinco ou dez anos a maconha vai ser legalizada. Por outro lado, não acho que beber é uma boa. Deviam fazer uma grande pesquisa sobre os efeitos da maconha e descobrir se ela é realmente tão prejudicial. Me parece meio idiota que você possa ser mandado para a cadeia por fumar uma planta, algo natural. Você vê bêbados e mendigos pedindo dinheiro na rua, e ninguém liga para isso — apesar de ter gente capaz de matar para arrumar uns centavos e comprar um drinque. Acho que a situação vai ficar bem clara logo. Isso é apenas o início de uma guerra fria entre os que querem maconha e aqueles que não querem. De uma coisa eu tenho certeza: é errado classificar todas as drogas da mesma maneira. Maconha é totalmente diferente de drogas pesadas. Realmente não entendo como alguém pode enfiar uma agulha em si mesmo. Tive pneumonia quando criança e sempre berrava quando vinham me dar injeção.

Quais são seus planos para o futuro?

Primeiro, eu queria ver muito mais festivais acontecendo na Inglaterra. Realmente gostaria de fazer um lance tipo Monterey, aqui. Também estou tentando bolar um conceito totalmente novo de show — algo mais na linha de uma peça, com uma boa apresentação de palco, uma abordagem totalmente diferente.Mas vai demorar algum tempo até chegarmos lá. Quero também experimentar com outros instrumentos, mantendo o trio básico mas adicionando outros músicos temporariamente quando quisermos uma sonoridade diferente . E, finalmente, estou louco para chegar logo a nossa excursão pelos Estados Unidos, que começa em fevereiro e vai durar seis semanas. Mas, nesse exato momento, meu plano principal é voltar a dormir.

(Entrevista publicada pela revista *Bizz* nº 63, outubro/90.)

Entrevista concedida a Jane de Mendelssohn

Acho que no começo fiquei impressionada demais com ele. A surpresa começou quando cheguei ao apartamento dele em Mayfair, e ele abriu a porta completamente nu. Segui Jimi escada acima, e assim que chegamos ao quarto, ele enfiou-se na cama. Era uma forma bem estranha de começar uma entrevista com um astro de rock... ou com qualquer um!

A maior parte da entrevista foi feita com Jimi na cama e eu sentada na beirada. No criado-mudo havia três tipos diferentes de haxixe, maconha, nitratos de amila, pílulas, e vários tipos de uísque e burbon. *Simplesmente nos servimos.*

Ele fumava baseados sem parar, e os dois começamos a beber... Bebi muito menos do que ele, porque pretendia fazer a entrevista. Mas também pretendia chegar a um nível no qual eu pudesse me comunicar com ele. A um determinado ponto ele me ofereceu nitrato de amila, e os dois piramos. Lembro que paramos a entrevista no começo da noite, mas ainda não tínhamos terminado, portanto ele me convidou para voltar no dia seguinte, e começar tudo outra vez.

O motivo pelo qual realizei essa entrevista foi que estou interessada no que torna as pessoas grandes. Fiquei com a impressão de que ele estava inseguro... quando perguntei sobre a família, ele não quis falar sobre o assunto. As drogas eram uma espécie de compensação. Também ficou claro todo o tempo que se eu desejasse ir para a cama com ele, bastava entrar embaixo dos lençóis. Ele nunca me tocou, mas ficou subentendido, sem dificuldade. Mas não fui. Era uma questão de orgulho. Não queria ser tratada como uma tiete... Fui embora sentindo que conhecera uma pessoa.

Você é assediado por muitas

Hendrix Experience num concerto de Natal, 1967.

pessoas batendo à sua porta para pedir favores?

Jimi Hendrix — Ah, sempre. Tento tratar bem todo mundo, mas se atendesse todos, eu não conseguiria comprar nem mais uma guitarra. Por isso não costumo sair muito, exceto quando alguma coisa está acontecendo... Fico na cama a maior parte do tempo, ou vou para o parque, ou para algum outro lugar. Foi onde escrevi minhas melhores músicas, na cama, deitado aqui. Eu estava deitado quando você chegou.

Você tem reputação de ser temperamental. Quase fiquei com medo de vir...

Jimi Hendrix — Temperamental? Que besteira... Isso é o que você deve pensar... O Sistema projeta uma certa imagem, e se funciona, eles a mantêm. Podem derrubar alguém, por exemplo, dizendo que sou temperamental, ou maldoso, ou dizendo que sou maníaco ou algo parecido, assim todos ficam com medo de me conhecer. Isso tudo faz parte dos joguinhos do Sistema.

Você foi citado, no Sunday Mirror, *dizendo que já era tempo para uma mudança nas músicas bonitas que os Beatles fizeram, que é hora de alguma coisa mais.*

Jimi Hendrix — Ah, não sei se disse isso. Em que jornal foi? *Sunday Mirror?* Bem, a maior parte desses jornais já estão estourados mesmo. Eles vêm fazer as entrevistas, e a gente faz tipo, quer dizer, oferece vinho e essas coisas. Depois eles voltam, e ficam tão pirados que não sabem o que estão escrevendo. Não, eu não disse nada parecido. Não diria. Não há motivo.

Se não fosse guitarrista, eu provavelmente estaria na cadeia, porque sou muito teimoso com a polícia. Eu costumava discutir com eles milhões de vezes, eles me diziam para ficar quieto, e simplesmente não *consigo* ficar quieto, não existe motivo para ficar quieto, especialmente quando se tem algo a dizer. Acho que talvez eu acabasse assassinado. Sinto essas coisas. Escuto falar sobre a violência, mas dizer algo sobre isso... não posso rejeitar nada que possa acontecer algum dia.

Achei muito fácil conseguir uma entrevista com você. Quero dizer, se você quiser entrevistar Paul McCartney, pode levar semanas.

Jimi Hendrix — Bem, talvez porque eu não seja Paul

McCartney. Você iria conseguir um bocado de... não, não devo dizer isso.

Por que não?

Jimi Hendrix — Existem muitas coisas que não devo dizer...

Você se senta, pensando: "Queria dizer isso a eles", e então compõe a música segundo o que gostaria de dizer?

Jimi Hendrix — Sim, com certeza... Muitas músicas são do tipo fantasia, em que as pessoas acham que você não sabe sobre o que está falando, mas tudo depende da música anterior e da que vem depois. É como se você tivesse de dizer alguma coisa dura, mas não quer se tornar um personagem negativo nas mentes das pessoas, porque existem outros lados, que às vezes também aparecem nas gravações... é onde entram as músicas com fantasias. Por exemplo, *1983* era apenas uma música para se manter a mente longe do mundo de hoje, mas não necessariamente para se esconder, como muitas pessoas fazem, com certas drogas e assim por diante...

Mas essa consciência está funcionando quando você compõe, ou você primeiro faz a música, escuta e depois percebe o que o motivou?

Jimi Hendrix — Bem, para ser honesto, no primeiro LP eu não sabia que estava escrevendo sobre eles. A maior parte das músicas, como *Purple Haze*, e *Wind Cries Mary* tinham cerca de dez páginas, mas fomos restritos a uma determinada quantidade de tempo, portanto tive de quebrá-las inteiras, e uma vez divididas, eu não sabia se iriam ser entendidas ou não. Talvez uma parte do significado de algumas se tenha perdido ao editá-las, o que eu deveria fazer mais vezes.

Não tenho mais tempo para mim, desde que entrei nesse carrossel... e não penso muito em qualquer coisa que não se relacione à música. As pessoas fazem com que eu fique pouco à vontade às vezes, mas não posso me mostrar o tempo todo, porque na verdade não sou boa influência para ninguém... Ah, não! Não tirem fotos agora porque o meu cabelo está todo desarrumado. Odeio fotografias. As pessoas estão sempre dizendo "Você lembra daquela fotografia, assim e assado?" Eu respondo "Lembro porcaria nenhuma." A maior parte das pessoas gosta de se aposentar e desaparecer do cenário, o que é uma coisa que eu *adoraria* fazer, só que ainda existem coisas que eu gostaria de dizer, de fazer, e preferia que isso não fosse importante para mim. Gostaria de poder desligar... Mas existe tanta besteira por aí dita sobre nós. Gostaria de acertar as coisas nessa entrevista. Passo a maior parte do tempo escrevendo músicas e não faço muitos contatos com as pessoas, porque elas não sabem como agir...

Acredita poder mudar alguma coisa, alguém?

Jimi Hendrix — Bem, a idéia é tentar. Mas simplesmente vou fazer, e se funcionar, ótimo!

Está tudo na sua música, não está?

Jimi Hendrix — Está, sim. É sobre isso que estamos falando. Música. Meu negócio não é falar. É tocar. Existem certas pessoas na Terra que possuem o poder de fazer coisas diferentes. Por exemplo, o movimento Black Power está fazendo as coisas erradas... A era do protesto já terminou. Agora todos querem soluções, não o protesto. Os Beatles poderiam fazer isso, poderiam virar o mundo de cabeça para baixo, ou pelo menos tentar. Só que isso pode tornar a posição deles menos confortável. Mas eu, eu não ligo para a minha posição. O que tenho a dizer, simplesmente digo. Pode-se ouvir o que aparece na música, mas quando chega a hora de lançar o disco, não se pode lançar um todo mês, não se pode fazer isso, e não se pode fazer aquilo. E toda aquela história de imagem para o público... A gente se descobre quase fugindo. É preciso se controlar. As pessoas não me inspiram, a não ser de uma forma negativa, como em *Crosstown Traffic*... porque é essa a forma na qual se apresentam para mim.

Hendrix nas ruas de Montagu Square, onde morava, 1967.

Pode me Chamar de Hélio

Keith Altham

Logo após a exibição na ilha de Wight, poucos dias antes de sua morte, Jimi deu uma entrevista a Keith Altham em Londres, uma das últimas, na qual tenta explicar as mudanças que sofreu, fala sobre o futuro, e manda mensagens com endereço certo.

Qual o motivo para o "novo e atenuado Jimi Hendrix"? (Risos por parte de Jimi.)

Jimi Hendrix — Para dizer a verdade, não sei. Tenho passado por certas mudanças. Acho que é mais uma coisa para as pessoas falarem. Preciso ficar quieto uns tempos. Só tentei fazer apresentações e ficar fora por um tempo. Eu estava mudando para uma música mais pesada. Estava ficando insuportável em trio. Eu queria me expandir com isso. Mas acho que voltarei a tocar em trio, arranjarei outro contrabaixista e vou tocar bem alto outra vez. Não!

Você não tem medo que essa abordagem "soft" o torne místico?

Jimi Hendrix — Todos passam por essas mudanças... como se fosse a primeira vez. Veja o Mountain, ou algum desses novos grupos, o Cactus, ou coisa que o valha. Você vê as fotografias novas deles, e repara que o cabelo está mais comprido, eles usam mais jóias agora, e se enchem de contas; só que eu fiz isso porque achei que tocava alto, ou algo parecido; queria realçar a parte visual para que as pessoas ouvissem. Não sei se ouviram ou não. Depois de algum tempo, fiquei consciente do que estava acontecendo. Comecei a ficar deprimido, e por isso comecei a cortar o cabelo um pouco, os anéis foram desaparecendo, um a um. Mas não foi um golpe publicitário. Foi meu próprio ritual. Eu dizia que talvez fosse arrebentar a guitarra. E eles diziam: "Sim, arrebente!". Aí eu dizia: Será que eu devo mesmo? Eles respondiam: "Claro!" Então eu fabricava bastante raiva para fazer o que queriam. Eu não curtia muito aquele clima, mas as coisas que fiz... foi divertido fazer. Eu não sabia que era raiva até que me disseram o que significava aquela destruição. Talvez todo mundo devesse ter uma sala onde pudessem se livrar de todas as suas inibições. Para mim, era o palco.

Como sentiu sua apresentação na ilha de Wight? Ficou satisfeito com os resultados?

Jimi Hendrix — Bem, houve um bocado de confusão por lá, e na ocasião também fiquei confuso. À exceção de quando toquei o *God Save The Queen*, estava contente por tocar ali. É difícil dizer o que farei a seguir. Gostaria de ter um grupo pequeno e um grande, e talvez sair em excursões com um deles. Estamos tentando organizar uma excursão pela Inglaterra, e definitivamente estou procurando outro contrabaixista. Billy Cox está fora. Eu podia me descontrolar outra vez. As vezes é difícil saber o que as pessoas querem por aqui; no momento, não posso ter essa sensibilidade, porque algumas coisas aconteceram. Agora preciso deitar e pensar sobre essas coisas.

Sente-se apreciado como compositor? Acha que sua imagem interfere?

Jimi Hendrix — Provavelmente isso é bom. Ainda estou tentando trabalhar minhas composições. Só escrevo o que sinto. Não elaboro o suficiente, as coisas saem em estado bruto. E as palavras são tão amenas que ninguém repara nelas. Quando tocamos, dançando e pulando, as pessoas simplesmente enxergam com os olhos, e esquecem os ouvidos. Estou tentando fazer muitas coisas ao mesmo tempo, o que é da minha natureza. Odeio ficar num canto, odeio ser encarado só como guitarrista, ou só como compositor, ou só um dançarino! Gosto de me mexer.

O que você gostaria de levar às pessoas, além da música? Existe algum tom moral ou político em suas composições?

Jimi Hendrix — Só quero que as pessoas libertem as mentes, porque existem muitas músicas pesadas hoje em dia. A música ficou pesada quase a um ponto insuportável. Quando as coisas ficam pesadas, pode me chamar de hélio, o gás mais leve conhecido pelo homem...

Você acha que a música popular pode mudar o mundo, ou é apenas um reflexo do mundo?

Jimi Hendrix — É um reflexo. Veja, o reflexo é como o blues. E existe ainda esse outro tipo de música, tentando aparecer; não é necessariamente música alegre demais, é mais o tipo de coisa com menos preocupações e mais significado. Você não precisa ficar cantando sobre amor o tempo todo para transmitir amor.

O que você gostaria de ver mudado no mundo?

Jimi Hendrix — Ah, não sei. Mais cor nas ruas, provavelmente. O que quer que aconteça, deve ter a chance de ser trazido ao conhecimento do público. Uma nova idéia, uma nova invenção ou uma nova maneira de pensar. Não devíamos precisar ficar arrastando sempre as mesmas cargas. Você precisa pirar para ser diferente. E existe prevenção contra os pirados. Você precisa falar de uma certa maneira para estar com eles. E para estar com os outros, você precisa usar cabelo curto e gravata. Portanto, estamos tentando fazer com que apareça um terceiro mundo... Mas acho que a pessoa precisa mudar a si mesma para poder ser um exemplo vivo das coisas que canta. Para mudar o mundo, você precisa arrumar sua cabeça, primeiro.

Sua música é revoltada, falando contra o Sistema?

Jimi Hendrix — Oh, essa música não é revoltada, mas se dependesse de mim, não existiria algo como o Sistema. É um tipo de blues... só estou fazendo isso. É o blues de hoje.

Você é politizado?

Jimi Hendrix — Na verdade, não. Eu estava pronto para entrar de cabeça nisso tudo, mas todo mundo passa por essa fase. Tudo aparece na música. Tínhamos uma música chamada *Straight Ahead*, e a letra dizia: "Poder para o povo, liberdade para a alma, passar adiante para as crianças e os velhos, não estamos nem aí com heróis, grandes ou pequenos, a comunicação vem com força total."

Dizem que você inventou a música psicodélica...

Jimi Hendrix (risada) — O cientista louco? Pois vou contar a verdade. *Are You Experienced...* escutei esse disco recentemente, e acho que estava

> “Creio que estou aqui com uma tarefa a cumprir, e que preciso dizer coisas. A guitarra foi o jeito que eu encontrei, porque era o que estava lá, na minha frente.”

"alto", ou coisa parecida. Quando escutei, eu disse: "Que diabos, onde eu estava com a cabeça quando disse todas essas coisas?"; não considerei como a invenção da música psicodélica, era mais como fazer um monte de perguntas. Da maneira que escrevo, as palavras são como um choque entre a realidade e a fantasia. Você precisa usar a fantasia para mostrar lados diferentes da realidade.

Quais gravações do Experience foram deixadas no baú, e o que vem a seguir?

Jimi Hendrix — Bem, acho que fazer algo chamado "Horizon", e outra coisa chamada "Astral Man", falando sobre viver em paz de espírito, e assim por diante. São psicodélicos? Não sei o que essa palavra significa. Significa que você fala uma coisa e quer dizer outra? Ou que você consegue três significados diferentes com uma coisa só? É isso o que dizem?

Não existe uma relação com LSD?

Jimi Hendrix — Quer dizer, especificamente LSD? Esse tipo de consciência? Bem, você precisa dar a eles um pouco de sonho, para que tenham vontade de ouvir outra vez. Os sonhos sempre vêm de estados de espírito diferentes.

Acha que tem dinheiro suficiente para viver confortavelmente sem ter de ganhar mais?

Jimi Hendrix — Acho que não. Porque pretendo acordar de manhã, e rolar da cama para uma piscina interna, depois nadar até a mesa do café da manhã, mergulhar, subir para respirar e talvez tomar um suco de laranja, depois ir até o banheiro, e... fazer a barba. Não. Não pretendo viver luxuosamente. Isso é luxo? Talvez eu more numa barraca, ao lado de um rio da montanha.

Entrevista a John Burks

No dia 4 de fevereiro de 1970, em Nova Iorque, Jimi Hendrix concedeu a John Burks (então editor da revista Rolling Stone*), uma de suas últimas entrevistas. Nela, Jimi anunciava a volta da formação original do Experience, com Noel Redding e Mitch Mitchell. Mas o teipe da entrevista — vozes interrompendo vozes, tudo registrado num gravador cassete vagabundo — estava tão ruim que Burks apenas pinçou uma ou outra frase para usar num artigo e dispensou a fita numa gaveta, onde ela ficou guardada por cinco anos. Em 1975, o texto integral foi publicado numa edição especial da revista* Guitar Player *dedicada a Jimi Hendrix. A seguir, os melhores trechos dessa conversa inédita.*

P: *Você ainda vive com um monte de músicos na sua casa?*

Jimi: Não, eu tento arrumar tempo pra ficar na minha, e poder realmente escrever algumas coisas. Eu quero compor mais.

P: *Que tipo de composições?*

Jimi: Não sei, alguma coisa tipo desenho animado. Imagine um gato engraçado, que se mete num monte de situações estranhas...Eu não consigo falar sobre isso agora. Mas acho que se poderia transpor isso para a música.

P: *Você está falando em fazer peças mais longas, ou apenas canções?*

Jimi: Bem, o que eu quero fazer é uma coisa que você provavelmente chamaria "peças", sim — peças encadeadas

Poster da turnê americana de Hendrix e o Soft Machine, 1968.

PINNACLE CONCERTS SAT FEB 10
JIMI HENDRIX
THE SOFT MACHINE WITH
THE ELECTRIC FLAG
AND BLUE CHEER
SHRINE AUDITORIUM 8:30 PM
RESERVED SEATS NOW AVAILABLE AT ALL

umas nas outras para formar movimentos, ou sei lá como você poderia chamar isso. Tenho escrito algumas coisas assim. Mas é mais como se eu estivesse escrevendo um desenho animado.

P: *Se o desenho animado já está na sua cabeça, você então já tem a música também?*

Jimi: Sim, na cabeça. A música tem a ver com a história contada pela letra, como *Foxy Lady* .

P: *Quando você faz uma música, ela simplesmente vem até você, ou você fica lá com a guitarra tentando tirar um som?*

Jimi: A música que eu escuto na minha cabeça eu não consigo fazer na guitarra. Pra falar a verdade, se eu pego a guitarra e tento reproduzir esta música, acabo estragando tudo. Eu não sei tocar guitarra bem o bastante para fazer as músicas que imagino. Gostaria de ter aprendido a escrever para instrumentos. Acho que é a próxima coisa que vou fazer.

P: *Então, para uma canção como Foxy Lady , você primeiro "ouve"a música e daí pensa na letra?*

Jimi: Tudo depende. Em *Foxy Lady*, na verdade, nós só começamos a tocar, ligamos o microfone e eu falei umas palavras (risos). Em *Voodoo Child (Slight Return)*, alguém estava filmando quando fizemos a música. Tivemos que repetir aquilo três vezes porque eles queriam filmar a gente no estúdio, e ficavam dizendo (imita uma voz pomposa): "Façam parecer como se vocês estivessem gravando, rapazes."Daí a gente disse: "O.K, vamos tocar isso em Mi, agora um, dois, três."E saiu *Voodoo Child.*

P: *Você curte algum músico de jazz de vanguarda?*

Jimi: Sim, quando estivemos na Suécia, nós ouvimos uns caras que nunca tínhamos ouvido falar. Esses caras estavam lá em barzinhos e porões fazendo uns sons que você mal pode imaginar. Músicos da Suécia , Dinamarca, Holanda.

P: *Para as suas próprias curtições musicais, onde é o melhor lugar pra tocar?*

Jimi: Eu gosto de fazer "jams"de madrugada em um lugar pequeno como um bar. Aí você tem um outro "feeling". Você viaja de um outro jeito com todas aquelas pessoas lá. Não são os "spot-lights"que interessam, só as pessoas.

P: *Você produziu seu primeiro álbum* (Are You Experienced)*?*

Jimi: Não, este disco quem produziu foi Chas Chandler. Eddie Kramer foi o engenheiro de som.

P: *No disco* Eletric Ladyland, *você aparece creditado como produtor. Foi você sozinho?*

Jimi: Não, foi Eddie Kramer e eu. Tudo que eu fiz foi apenas ficar lá no estúdio e me certificar de que as canções eram aquelas e que o som era aquele mesmo. Nós queríamos um tipo especial de som. Ele desapareceu na hora do corte, porque nós saímos em excursão e eu não pude acompanhar até o fim. Ouvi o resultado e achei que o som estava muito nebuloso.

P: *Você ganhou* All Along the Watchtower. *Existem outras músicas de Bob Dylan que você gostaria de gravar?*

Jimi: Oh, sim. Eu gosto daquela que diz: "Por favor, ajude-me na minha fraqueza" (*Drifter's Scape*). Esta é legal, eu gostaria de gravar. Eu curto também *Blonde on Blonde* e *Highway 61 Revisited.* As músicas *country* dele também são ótimas, às vezes. São mais tranqüilas, saca.

P: *Eu acho a sua gravação de* Watchtower *bem melhor do que a de Bob'Dylan.*

Jimi: Bem, isso é como os reflexos de um espelho (risos). Lembra o "quarto cheio de espelhos"(*Room Full of Mirrors*)?

É uma música, uma gravação que estamos tentando fazer, mas acho que nós nunca vamos terminar. Eu espero que não. É sobre uma tentativa de sair desse quarto cheio de espelhos.

P: *Por que você não pode terminá-la?*

Jimi: (Imitando voz afetada). Bem, saca, eu estou num barato de saúde, saca. Tô ligadão em germe de trigo, mas, você sabe o que eu quero dizer (risos). Eu não sei por quê (pega um lápis e escreve alguma coisa).

P: *Você não é o que eu chamaria de um guitarrista country.*

Jimi: Obrigado.

P: *Você considera isso um cumprimento?*

Jimi: Seria, se eu fosse um guitarrista country. Isso seria um outro passo.

P: *Você tem escutado as ban-*

das que andam fazendo country, como os Flying Burrito Brothers?

Jimi: Quem é o guitarrista dos Burrito Brothers? [*provavelmente Bernie Leadon*]. Esse cara toca. Eu gosto dele. Ele é realmente extraordinário com uma guitarra. É o que me faz ouvir isso, a música.

P: *Que músicos você sairia de casa pra ir ouvir?*

Jimi: Nina Simone e o Mountain. Eu gosto deles.

P: *Que tal um grupo como os McCoys?*

Jimi: (cantarola a introdução de *Hang On Sloopy*, com Rick Derringer na guitarra) Yeah, o guitarrista é um barato.

P: *Você está mesmo ensaiando com a Band of Gypsies de doze a dezoito horas por dia?*

Jimi: Yeah, na verdade a gente vai lá e fica fazendo umas "jams". A gente diz "ensaio"só pra parecer mais, você sabe, oficial. Nós só ficamos curtindo. Não é bem dezoito horas, digamos umas catorze talvez (risos). O máximo que o Experience já tocou junto foi em cima do palco. Nós tocávamos umas duas horas e meia, quase três horas uma vez. Nós fazíamos sons. As pessoas fazem sons quando aplaudem. Daí nós fazíamos sons de volta. Eu gosto de sons elétricos, "feedback", estática, essas coisas.

P: *Vocês vão fazer um compacto junto com um LP?*

Jimi: Nós devemos ter ambos saindo dentro de pouco tempo com a Band of Gypsys. Quato ao Experience, eu não sei. Todas essas gravadoras, elas querem compactos. Mas você não senta lá e diz: "Vamos fazer uma faixa, vamos fazer um compacto de sucesso, ou coisa parecida."

Nós não vamos fazer isso. Nós não fazemos isso.

P: *Credence Clearwater Revival faz isso até ter um número de faixas suficientes para um LP, como nos velhos tempos.*

Jimi: Bem, esses são os velhos tempos. Eu considero a gente mais músico.

P: *Mas compactos até que dão uma grana, né?*

Jimi: Bem, é por isso que eles fazem compactos. Mas eles escolhem depois. Você tem um LP todo planejado, e de repente eles fazem, por exemplo, um compacto com *Crosstown Tra-*

ffic, que está vindo do nada, extraído daquele ambiente em que estava. Veja, esse LP (Electric Ladyland) foi feito de acordo com uma certa forma de pensar. As faixas estão naquela ordem por certos motivos. E daí é quase um pecado eles tirarem uma música do meio de tudo aquilo e fazerem dela um compacto, só porque acham que podem ganhar mais dinheiro. E, além disso, eles sempre escolhem as músicas erradas.

P: *Você pensa às vezes em sair tocando com uma dúzia de pessoas?*

Jimi: Eu gosto de Stevie Winwood; ele provavelmente estaria incluído nessa dúzia. Mas as coisas não precisam ser oficiais. As coisas não têm que ser formais pra gente fazer uma "jam". Mas eu não tive oportunidade de entrar em contato com ele.

P: *Você pensa em levar outro guitarrista nas suas viagens?*

Jimi: Sim, eu ouvi dizer que Duane Eddy chegou na cidade hoje de manhã (risos). Ele era legal.

P: *Você já tocou com Larry Coryell e caras como ele?*

Jimi: Larry e eu fizemos umas "jams" num clube chamado The Scene. De vez em quando a gente tem uma chance de se encontrar. Mas eu não tive oportunidade de tocar realmente com ele, não ultimamente pelo menos. Eu sinto falta disso.

P: *Você escuta o que ele faz?*

Jimi: Eu gosto de Larry Coryell.

P: *Você já tocou com gente como o saxofonista Roland Kirk?*

Jimi: Sim, eu fiz uma "jam" com ele em Londres, e realmente pirei. Foi ótimo. Eu estava tão assustado. Foi mesmo engraçado. Ele faz todos aqueles sons, eu me sentia como se estivesse interferindo, mas eu acho que nós combinamos legal. Ele me disse que eu devia ter tocado mais alto, ou alguma coisa assim.

P: *O pessoal de cinema nunca tentou botar você num filme, dizendo que você daria um ótimo pistoleiro ou astronauta?*

Jimi: Astronauta! (risos) Voar no espaço! Não, você sabe, eu estou realmente a fim de me concentrar na guitarra.

P: *Você acha que as platéias*

nos Estados Unidos são mais violentas do que em outros lugares?

Jimi: Em Nova York é um clima mais violento. É bastante violento pra falar a verdade. Mas no Texas é ótimo. Não sei porque. Talvez seja o clima. Eu gosto de tocar um pouco mais no Sul do que no Norte. Tem muita pressão quando eu toco no Meio-Oeste, como Cleveland ou Chicago. É como estar numa panela de pressão esperando que a tampa estoure. As pessoas lá são legais, mas acho que é a atmosfera, ou algo assim. Mas o Sul é ótimo. New Orleans é ótimo, Arizona é fantástico.

P: *Seus gostos parecem ser mais amplos do que os de um típico fã de rock and roll.*

Jimi: Isto é tudo que eu consigo tocar quando estou tocando. Eu gostaria de fazer alguma coisa como Haendel, Bah e Muddy Waters, coisas tipo flamenco (risos). Se eu conseguisse aquele som. Se eu conseguisse *aquele* som, eu seria feliz

Antologia Poética

(Letras de Músicas)

Névoa Púrpura

A Névoa Púrpura estava em meu cérebro
Ultimamente as coisas não parecem as mesmas,
Estou agindo estranho, mas não sei por quê,
Desculpem-me enquanto beijo o céu.

A Névoa Púrpura está ao meu redor,
Não sei se estou subindo ou descendo.
Estou feliz ou triste?
Seja o que for, essa garota me enfeitiçou

A Névoa Púrpura estava em meus olhos,
Não sei se é dia ou noite.
Você estourou, estourou minha cabeça.
Já é amanhã, ou só o fim dos tempos?

Você já Experimentou?

Se você conseguir se concentrar
Então viaje até mim.
Daremos as mãos e assistiremos ao pôr-do-sol
Do fundo do mar.

Mas primeiro: você já experimentou?
Ah, alguma vez experimentou?
Pois eu, sim.

Sei que você vai chorar e gritar
E que seu pequeno mundo não te deixa partir.
Mas quem você quer convencer em seu
mesquinho mundo,
Que você é feita de ouro e não pode ser vendida?

Portanto: você já experimentou?
Ah, alguma vez experimentou?
Pois eu, sim.

Deixe-me provar.
Posso ouvir trombetas e violinos a distância.
Acho que chamam nossos nomes.
Talvez você não possa ouvi-los agora, mas basta
segurar minha mão.

Ah, mas você já experimentou?
Ah, alguma vez experimentou?
Não necessariamente pirado, mas bonito.

A Queima da Lâmpada da Meia-Noite

A manhã está morta
E o dia também
Nada restou para me saudar, a não ser a lua de
veludo.
Senti hoje toda a minha solidão.

É pouco mais que suficiente

> “Quando eu morrer, apenas coloquem os discos para tocar.”

Para fazer um homem desperdiçar a si mesmo,
E continuo a queimar sozinho a lâmpada
da meia-noite.

Seu retrato sorridente
Continua pendurado na parede,
E não chega a me incomodar.
Não me incomoda nem um pouco.
É só a poeira que não pára de cair,
Que torna difícil enxergar
Aquele brinco caído no chão.
Caído friamente na direção da porta,
E continuo sozinho a queimar a lâmpada
da meia-noite.

O Vento Grita Maria

Depois que os bonecos entraram nas caixas,
E os palhaços foram todos para a cama.
É possível ouvir a felicidade gingando pela rua,

Deixando pegadas vermelhas,
E o vento sussurra: Maria.

Uma vassoura varre, cheia de preguiça
Os pedaços dispersos da vida de ontem.
Em algum lugar, uma rainha está chorando.
Em algum lugar, um rei não tem esposa.
E o vento grita: Maria.

As luzes do trânsito entristecem o amanhã
E brilha o seu vazio em minha cama.
Uma ilha minúscula afunda na corrente.
Porque a vida que vivem é morta.
E o vento grita: Maria.

Será que o vento vai se lembrar
Dos nomes que agitou no passado?
E com essa ajuda, a velhice e a sabedoria,
Murmura: "Não, esse será o último."
E o vento grita: Maria.

Se Seis Fossem Nove

Se o sol se recusa a brilhar,
Não me importo,
Não me importo.
Tenho meu próprio mundo para contemplar,
E não vou copiar você.

Se seis acabasse sendo nove,
Não me importo,
Não me importo.

Se as montanhas caírem ao mar,
Deixe acontecer.
Não é comigo.
Tenho meu próprio mundo para cuidar,
E não vou copiar você.

Se os hippies cortarem o cabelo,
Não me importo,
Não me importo.

"Colarinhos brancos conservadores brilhando pela rua, apontando o dedo de plástico para mim. Esperam que os do meu tipo logo caiam mortos, mas vou agitar minha bandeira maluca alto, muito alto. Sou Aquele que tem de morrer quando for a hora de morrer, portanto, deixem que eu viva minha vida da forma que quiser! Canta, irmão, toca, baterista!

Ousado Como O Amor

Zangado, ele sorri
Altaneiro, em sua brilhante armadura de metal púrpura.
A Rainha do Ciúme espera invejosa atrás,
O vestido verde brilhante mal toca a grama dos prados,
Azuis são as águas que trazem o privilégio da vida,
Elas compreendem com tranqüilidade.

Exércitos turquesa, outrora felizes, aguardam,
Mas perguntam-se o motivo da luta.
Mas são todos ousados como o Amor.
Mas são todos ousados como o Amor.

Mas são todos ousados como o Amor.
Perguntem ao eixo.

Meu vermelho é tão confiante
Exibe troféus de guerra e condecorações
de euforia
O laranja é jovem e temerário,
Mas pouco seguro para o primeiro assalto.
Meu amarelo nesse caso, não é tão neutro
Na verdade, estou dizendo que está assustado
como eu.

E todas essas emoções
Impedem que eu ofereça minha vida a um
arco-íris como você
Mas, sim, sou tão ousado como o Amor.
Tão ousado como o Amor.
Tão ousado como o Amor.
Perguntem ao eixo, ele sabe de tudo.

Você Já Esteve (Na Terra da Dama Elétrica)

Você já esteve
Você já esteve alguma vez na Terra da Dama Elétrica?
O tapete mágico espera por você.
Portanto não se atrase.

Quero mostrar emoções diferentes,
Quero conduzir você através de sons e emoções,
A mulher elétrica espera por nós.
Está na hora de partir.

Pode pôr de lado todas as frustrações
Enquanto voamos sobre o mar cheio de amor
Olha, à frente vejo a terra do Amor
Logo você vai entender.
Faça amor, faça amor, faça amor.
O Bem e o Mal lado a lado.
Enquanto o amor elétrico penetra o céu.
Quero mostrar a você.

Trânsito Urbano

Você pula na frente do meu carro, quando sabe muito bem
Que ando sempre a cento e cinqüenta por hora.
Você diz, tudo bem, não se importa com um pouco de dor,
Diz que só quer que eu te leve para uma volta.

Você é como...
O trânsito urbano.
Tão difícil de passar até você...
Trânsito Urbano.
Não preciso te atropelar.
Você só me atrasa...
Trânsito Urbano.
Estou tentando chegar do outro lado da cidade.

Não sou o único acusado de atropelar e fugir,
As marcas nas suas costas, Ahá, posso ver
que se divertiu!
Mas, meu bem, você não percebeu que minhas
luzes mudaram de vermelho para verde?
E com você posso ver um engarrafamento

à frente.

Você é como...
O trânsito urbano.
Tão difícil de passar até você...
Trânsito Urbano.
Não preciso te atropelar.
Você só me atrasa...
Trânsito Urbano.
Estou tentando chegar do outro lado da cidade.

Quarto Cheio de Espelhos

Você está impressionado com o Quarto Cheio de Espelhos,
Tudo o que eu podia ver era eu,
Então descobri meu Espírito e despedacei meus espelhos,
E agora o mundo inteiro está aqui à minha frente.
O mundo inteiro está à minha frente.
Agora estou procurando meu próximo amor.

Um vidro quebrado penetrou em meu cérebro
Cortando, gritando, uma multidão em minha cabeça.
O vidro quebrado soava alto em meu cérebro.
Costumava cair em meus sonhos e cortar-me na cama.
Costumava cair em meus sonhos e cortar-me na cama.
É, ficou estranho fazer amor em minha cama.

Mania Depressiva

Uma mania depressiva toca minha alma,
Sei o que quero, mas não sei o que fazer para conseguir
Sentimento, um sentimento doce pinga pelos meus dedos
Uma mania depressiva captura minha alma.

Mulher desejosa, a doce causa em vão,
Você faz amor, desfaz o amor, e quando termina tudo está na mesma.
Música, doce música, gostaria de poder acariciar, acariciar, acariciar,
A mania depressiva é uma bagunça a frustrar.

Bem, acho que vou me desligar e afundar.
Na realidade não faz muito sentido estar por aí.
Oh, preciso ver você.

Depoimentos: Músicos e Amigos

Noel Redding

"Acho que agora sou um músico melhor. Fizemos algumas coisas boas com o Experience, mas a metade do tempo eu não sabia o que estava fazendo."

"Foi o início de tudo. Lembro quando mexemos pela primeira vez com oito canais. Uau! Nós podíamos ouvir o overdub de um pandeiro!"

"Não tomo mais ácido. Desisti de tudo o mais, no entanto nunca estive envolvido com drogas pesadas. Eu bebia e fumava muito, além de toda aquela coisa do LSD.

O Experience inteiro estava envolvido naquilo. Mas, depois de me encontrar com várias pessoas que não via há mais de oito anos e não as ter reconhecido, comecei a ficar mais precavido."

"Tinha só vinte anos quando comecei a tocar com Jimi Hendrix, em 66. Sinto-me afortunado por ainda estar aqui, depois de ter saído de tudo aquilo. É esquisito pensar sobre aqueles tempos, e, quando me lembro de Hendrix ainda fico triste."

"Quando ele morreu, eu estava em Nova York. Alguém entrou no meu quarto e disse que ele estava morto. Nunca fui religioso, mas saí dali para uma igreja, onde me sentei e fiquei pensando em Jimi."

"Não é comum eu sonhar

Hendrix nos estúdios da Record Plant, gravando o disco: *Eletric Ladyland*, 1968.

com Jimi, mas uma noite tive um sonho em que ele estava no meu quarto e eu lhe dizia que estava morto. Ele respondia que continuava legal e só queria me ver. No dia seguinte, minha mãe me telefonou e disse que Mike Jeffery (co-empresário do Experience junto com Chas Chandler) tinha morrido num acidente de carro. Então, eu tive um terceiro sonho e na sequência David Bowie dançou com a polícia em Nova York. O mais estranho é que um de seus roadies, Eric Barrett, também costumava trabalhar para Jimi."

Mitch Mitchell

"Sempre me senti completamente à vontade com Jimi e ele comigo... Era incrívelmente fácil porque eu sabia onde ele estava me levando e me sentia preparado para ser levado. Ele nunca se amedrontou em arriscar por direções desconhecidas, como tantos outros grandes instrumentistas que têm receio de tentar algo novo."

"Jimi era um cara muito, muito divertido, certamente não a figura trágica que algumas pessoas vêm tentando fazer dele. Ele tinha um maravilhoso senso de humor e era um dos melhores músicos que conheci. Sua imitação de Nat King Cole cantando Rambing Rose era fabulosa, assim como a de Sammy Davis Jr. Ele também fazia desenhos muito engraçados."

"Jimi era um grande baixista, um dos melhores, bem ao estilo da Motown.Talvez venham daí as razões dos atritos entre Noel Redding e ele: Noel era um guitarrista frustrado, enquanto Jimi sabia exatamente o que ele queria do baixo."

"Sei que Jimi gostava da bateria e dos vocais de Buddy Miles, mas só até eles começarem a tocar juntos. Quanto a Billy Cox, alguém tinha de dizer exatamente o que ele deveria tocar, mas Jimi não queria isso novamente. Queria alguém com idéias próprias, o que honestamente Billy não tinha."

"Na noite de quinta-feira (17/09/70, véspera da morte de Hendrix), fui para Londres e telefonei para Jimi...Íamos até o Heathrow nos encontrar com Sly Stone e ele ficou de chegar por volta da meia-noite, entusiasmado com a chance do encontro se estender em uma *jam*...Ficamos esperando, esperando até umas quatro horas da manhã e aí voltei para casa...Não estou certo do horário, mas na mesma madrugada recebi uma ligação dizendo que Jimi tinha morrido. Não podia acreditar, nem esboçar qualquer tipo de reação..."

Johnny Winter

"Meu primeiro encontro com Jimi foi no The Scene (um night-club nova-iorquino). Eu era uma tiete de Hendrix, e ele era uma tiete de Johnny Winter. Eu o amava, e nós tivemos chance de sair juntos, conversar e gravar juntos. Eu tinha um tremendo respeito por ele. Pra mim, ele ainda é o caminho, ele ainda está acima de qualquer outro guitarrista que existe.

A gente tocava junto no The Scene e, depois que o clube fechava, íamos para o estúdio, onde ele sempre tinha tempo reservado, e continuávamos tocando ainda por várias horas. No dia seguinte, escutávamos as fitas para escolher as melhores idéias e colocá-las em canções.

Uma das coisas que o pessoal do estúdio estava interessado em lançar era uma velha canção de Guitar Slim, chamada *The Things I Used to Do*. Eu tocava slide e Jimi fazia a base e cantava . Era só por curtição, mas isso era muito melhor do que as coisas que saíram depois que ele morreu. O problema quando tocávamos juntos era que respeitávamos tanto um ao outro que cada um ficava esperando que o outro começasse com o solo."

John McLaughlin

"Meu primeiro encontro com Jimi foi em Nova York, através de Mitch Mitchell, que me convidou para ir ao estúdio Record Plant, onde, naquela noite, Jimi estaria gravando. Quando cheguei lá, Mitch não estava, mas havia um cara chamado Buddy Miles, tocando bateria. Então comecei a tocar e, quando Jimi chegou, ele se juntou a nós. Dave Holland (contrabaixista de Miles Davis) também estava lá, e nós tocamos por toda a noite. Foi muito legal.

Eu vi Jimi cerca de duas ou três vezes depois daquela *jam* no Record Plant, mas nós não tocamos juntos então. Mas existem gravações daquela *jam*, que foram descobertas mais tarde.

Jimi era um guitarrista maravilhoso. Ele não era muito escolado; tinha um conhecimento limitado de harmonia musical. Mas ele tinha tanta imaginação que acabava suplantando isso. E foi isso que fez as

“Não quero ser mais um palhaço. Não quero ser uma estrela do rock`n`roll. Quero apoiar minha guitarra sobre quedas d`água e criar uma música serena em que se reflita a imagem da Beleza.”

coisas acontecerem, porque se você pegar um cara cheio de conhecimento, mas sem nenhuma imaginação, ele não vai tocar nada.”

Larry Corryel

“A primeira vez que vi Jimi foi no The Scene, em Nova York, quando ele tinha acabado de chegar ao primeiro lugar das paradas com ‘Axis: Bold as Love.’ Grande parte do equipamento de Jimi não estava funcionando naquela noite, e, embora eu tivesse ficado muito impressionado com ele, fiquei mais ainda com Noel Redding e Mich Mitchell. De fato, aquele era o melhor som de baixo e bateria que eu já tinha escutado para aquele idioma. A primeira vez que vi Jimi botando realmente pra quebrar foi numa *jam session* com o baterista Buddy Miles — eles estavam apenas curtindo e a verdadeira criatividade mágica de Jimi aconteceu.

Não tenho nenhuma fita de Jimi e eu tocando juntos. De qualquer forma, elas devem

O Jimi Hendrix Experience no Bervely Hills Hotel, 1968.

estar perdidas, porque nós nunca tocamos guitarra juntos. Na maior parte das vezes, ele tocava contrabaixo. A única canja que demos juntos num palco foi no The Scene.

A mais linda coisa que eu me lembro sobre Jimi era sua humildade. Ele me disse: 'Não posso acreditar no meu sucesso; isso podia acontecer com qualquer um'. Acho que Jimi provavelmente queria ser considerado apenas o que ele era, sem nenhum rótulo."

Les Paul

"Foi numa dessas noites divertidas, lá por 1964. Eu e meu filho Gene fomos até um clube em Lodi, Nova Jersey. Parei o carro e Gene foi dar uma olhada. Logo ele voltou e disse: 'Pai, é melhor você ver por si mesmo. Tem um cara lá dentro estraçalhando a guitarra!'

Entrei e parei para escutar. Fiquei muito impressionado com o que ouvi. Depois, nunca mais o vi, embora eu o tenha procurado muito. Até que um dia, eu vi seu LP. Hendrix era um sucesso. Fiquei muito satisfeito com isso.

Poucos anos depois, quando Hendrix estava construindo o Electric Lady Studios, em Nova York, ele me telefonou fazendo várias perguntas. Durante aquela conversa, contei a Jimi o quanto eu o havia procurado. Ele realmente ficou contente, e disse: "Você quer dizer que eu estava tão perto e não sabia de nada."

Sinfonia de Excessos

Ênio Vu

Alguém que estava lá via tudo, prestava atenção a todos os detalhes:

— Como no teatro, um tempo de espera. E ele surge. A calça de cetim púrpura grudada ao corpo, o sexo proeminente... As grandes mãos de dedos muito finos segurando a Fender Stratocaster branca... Houve risos. O negro parou, faiscante, no meio do palco.

Magrelão. Ossos compridos. Alto, rosto fino. Pele escura, de tons avermelhados. Mãos grandes, dedos longos como os de um pianista. As luzes coloridas dos refletores não chegam a tirar o palco da penumbra, há sombras, vultos, fumaça. Os decibéis explodem, o som toma conta de tudo.

Alguém que estava lá ouvia tudo, escutava com atenção:

— O que se passava diante de nós nunca fora visto ou ouvido antes. Parecia que estávamos em um outro planeta. Era rock, sem dúvida, mas de onde? De Marte, ao pôr do sol?

Os dedos são rápidos, nem parecem tocar as cordas da guitarra, mas os sons continuam jorrando, quentes. Os lábios grossos, encostados ao microfone, soltam a voz grave, ao mesmo tempo tímida, sensual, frágil, incerta. A música elétrica continua rolando alucinada: *Fire*.

O fogo: "Tudo bem!... Escuta aqui, garota, você não liga pra mim e eu não tô nem aí com você... vê se arranja outro trouxa, eu tô queimando de desejo, deixa eu ficar perto do teu fogo..." Ele fala com qualquer mulher? Seu olhar perde-se no teto, as mãos continuam deslizando pelo corpo branco da Fender.

Era uma das primeiras apresentacões de Jimi Hendrix na Inglaterra. Mais tarde ele tentaria lembrar de como a coisa começara: "De repente senti algo que estava pra acontecer, eu e a guitarra não nos acertávamos, tinha sido uma guerra a noite toda, eu tocava uma coisa e ela respondia outra completamente diferente..." Jogou-a ao chão, derramou fluido de isqueiro por cima e ateou-lhe fogo, que chamuscou suas mãos. "Acho que despertei uma espécie de consciência cósmica naquela puta." A guitarra gemia, produzindo, enfim, os sons que ele queria.

A música de Hendrix. Ou melhor, aquilo que Hendrix queria que a música fosse: fábulas escritas com sons, no ar. Era um escritor sem palavras, um romancista estilhaçando o silêncio. Um escultor de música, um artífice modelando uma massa plástica invisível. Para enxergar melhor as cores ele fechava os olhos e brandia as cordas, e as próprias cordas talvez fossem uma espécie de fio que ele usava para tecer uma tela aérea em que pintava os sons como se fossem uma qualidade de fibra, um tecido, um véu, uma seda macia flutuando leve...

Jimi Hendrix morreu jovem,

> “ Minha meta é derrubar todas as fronteiras do mundo.”

pouco antes de completar 28 anos, virou mito, sua história transformou-se em lenda. Mas quem teria sido realmente esse cara alto e magro que transformou a guitarra elétrica em um ser que parecia dotado de sentimento e imaginação?

Talvez um cavalo alado ou uma águia planando calma acima da mais terrível nuvem de tempestade, sobrevoando serenamente as explosões dos relâmpagos. Não são assim os seus solos de guitarra, doces e melódicos sobre um fundo de distorções e microfonia? O paraíso visto de relance entre as chamas do inferno que parece tomar conta do mundo.

Não respeitou os limites esse Jimi Hendrix. Ultrapassou-os todos, compondo sua vida como uma breve sinfonia de excessos, a fúria dos sentimentos conduzindo à loucura, aos abismos. À beira do precipício há os que desfaleceriam só de olhar para baixo. As pernas ficariam bambas, a consciência falharia e nada mais teria importância. Outros, poucos e raros, fariam como ele: abririam bem os olhos, respirariam fundo, dariam um forte impulso e se jogariam à imensidão, ao nada, às profundezas. Como se fossem providos de asas, deslizariam nas correntes de ar, viajariam com o vento, escutariam o silêncio das alturas. Depois... nada mais teria importância...

O Gênio Total

Rogério Sganzerla

De 1965 a 1970 um gênio reinou sob a terra — Jimi Hendrix (27/11/1945 — 18/9/1970); mais uma vez a terra não soube coroar seu rei. E se assim não o foi mais porque — por dentro de altas estruturas astrais (isto é, físicas e seguindo do princípio único a lei de reencarnação) ele como rei sabia que iria morrer — breve. "He's not gone; is just dead" desabafa Hendrix em 1965 numa gravação com Curtis Knight de uma canção intitulada justamente *Ballad of Jimi* onde prediz, com diferença de um dia, a exata data, mês e ano, da passagem deste para outro(s) mundo(s), onde segundo ele estará nos esperando para a próxima revoada de trovões que transformará a face da terra, mas até lá ele voltará ("I will return", repete em *Highway Chile* presciente de sua vida transitória e abissalmente genial, em péssimo estado como Noel, que por sua vez desabafa:

"Tenho passado tão mal — a minha cama é uma folha de jornal").

Gênios ceifados na flor da idade, eles não fazem senão rejeitar (ambos têm obra extensíssima, morreram com 26 anos e gravaram o hino nacional de seus respectivos países, no caso de Noel sem querer em *Com que roupa*, que teve que alterar o acompanhamento melódico devido à semelhança com o Hino Nacional): rejeição deste mundo, mente e sociedade do medo em nome do novo homem, nova sociedade e de tudo que é de Deus.

Desvendo ao leitor o véu de Ísis: tenho para mim que antes de mais nada é politicamente necessário pensar em Hendrix como uma divindade. Não uma "divindade do som" — se assim posso exprimir — mas divindade do homem. Totalmente gênio total — pois ele próprio é a divindade que se alimenta de sua própria aura, um gênio encarnado suntuosamente num negro índio; gênio número um da América e americano por dentro número um.

Hendrix já é século 21 e 22 — além de 20.

Três séculos atravessa e informa com sua maneira típica de tocar com a mão esquerda, cordas na posição invertida por exemplo Jimi Hendrix é o que pôde (e poderia) acontecer de melhor a uma nação, em arte e expressão ocidental, considerando-se a necessidade de liberar a mente do medo, ego, esforço, razão, classe ou carreira — e como se sabe, tudo (inclusive a revolução) começa e termina na mente, livre ou não...

Suas letras devem ser ouvidas como um ideograma, com extrema elegância e simplicidade de forma — referindo-se ao essencial, isto é, o supérfluo: princípio único do poder tudo é possível, até manhã se Deus quiser. Fala sobre "quetzal", o poder de transformar tudo e a mente à medida positiva de desmedido negar — ataca de frente o problema da linguagem da mente que se volta a si mesmo e descobre-se sem medo — mente livre, homem superior, relação com a divindade. Eis o abc hendrixiano da cartilha do poder onde tudo começa e termina. Sobretudo diz tudo sobre tudo com pouco ou quase nada: uma guitarra, baixo e bateria soando como orquestra em músicas escritas, cantadas e freqüentemente mixadas por ele em seu estúdio Electric Ladyland. Mal admitido, claro, pelos que tolhem o pensamento alheio com medo, quem necessita de tal artigo. Tocando *Red House* ou *Voodoo Chile* simplesmente varre do planeta toda perda de tempo, levando-nos até a altura inalcançada por qualquer outro ingênuo ou gênio terrestre. Para todos e para ninguém: Jimi era um gênio e ele sabia.

"Acho que nunca cheguei a conhecer Jimi", confessa Curtis Knight. "Acho que nunca ninguém o conheceu. Ele não se deu a conhecer a ninguém. Era fechado, se guardava como quem guarda um segredo. Em Nova York, num hotel miserável, conversávamos muito. Jimi estava sempre intrigado, preocupado. Com coisas como a origem da vida, o problema da morte. Nunca curtiu uma de orgulho racial ou preconceito. Estava mais preocupado com a noção de humanidade, de fraternidade."

Hendrix: "Eu sou tantas raças... como poderia tocar uma música... como poderia trair uma dessas raças se eu sou todas elas ao mesmo tempo?"

"Lia muito, nunca soube o quê", continua Curtis Knight. Não conseguia seguir bem suas conversas. Certa vez me

Jimi Hendrix no Woodstock, 1969.

disse acreditar que os seres devem passar por várias encarnações, em nove planetas diferentes, cada um mais evoluido que o outro, até chegar à eternidade, à perfeição. Ele me dizia também que esse mundo imundo em que vivemos é apenas uma imagem distorcida de um outro mundo, espiritual e perfeito."

Coda: Visita ao Quarto dos Espelhos

Ana Maria Bahiana

Jimi Hendrix significou tanta coisa para tanta gente que é muito difícil, mesmo hoje, catorze anos após sua morte, descobrir em qual espelho está sua face. É mais fácil saber em quais ela NÃO está.

Nos anos logo a seguir da trágica manhã de 18 de setembro, Hendrix viu-se colocado no centro de uma questão absolutamente fútil e perniciosa. Por uma corrente, ele foi "A Vítima das Drogas", um número a mais para assustar as criancinhas, um mau exemplo para a juventude. Pelos mesmos motivos, o outro lado da questão o elegeu como mártir e herói: o Superdoidão que deu sua vida pelo Barato Supremo.

Besteira. Hendrix morreu de barbitúricos. Em qualquer farmácia eles estavam e estão à venda. Da caretice de um sistema policialesco nem é preciso falar. Da tola idolatria, perigosa. Adorar alguém já é triste; adorar alguém porque ele morreu aos vinte e oito anos de uma dose errada de pílulas para dormir é patético. Hendrix amava a vida, o futuro, e via estradas ilimitadas já a sua frente.

Hendrix era uma personalidade complexa e, como todo espírito rico, misterioso. Tímido e arrogante, austero no trabalho e *flamboyant* de sensualidade, assustado e corajoso como o amor. Ninguém pode dizer que realmente conheceu este duplo Sagitário, ou que realmente viu por quais abismos e montanhas sua alma passeava. Mesmo este livrinho é, antes um gesto poético, depreendido dos seus textos, de sua música e de sua carta natal astrológica. Não descarto as possibilidades mirabolantes e místicas. Sem dúvida seu espírito era muito antigo, muito viajado, muitas vezes encarnado; talvez tivesse mesmo perambulado pelo Egito e o Tibete, como queria a vidente alemã; talvez tivesse vivido no Sul dos Estados Unidos, na pele de Robert Johnson, ou no Império Iorubá, como Xangô, ou na Grécia Antiga, como Prometeu. Pela apreciação puramente estética e poética da obra, Hendrix aparece como um continuador da linhagem de heróis domadores de trovões que a mente humana sempre arquitetou. Alguém que, movido pelo puro impulso, pela intuição bruta, corre todos os riscos, mergulha no fogo das experiências e dele sai iluminado.

Antes de falar da música de Hendrix e de seu desdobramento tempo afora, é bom falar de seu texto. Hendrix não tinha nem o primeiro grau completo; portanto, é com a força de uma intuição poderosíssima que sua mente opera, construindo imagens muitas vezes de refinada simbologia, como o Quarto dos Espelhos; o mito do Demolidor de Montanhas em *Voodoo Chile*; a Mulher Venenosa de *Dolly Dagger*, mulher-adaga guardiã de céus e infernos; a simbologia das cores em *Axis, Bold as Love*. Parte de seu texto foi ultrapassada pelo tempo; o texto-desbunde, puro fluxo de consciência, jogo do barato. A outra parte tem a mesma qualidade de sua música: uma assombrosa modernidade. Jimi falava de mitos, signos e arquétipos sem saber que eles eram mitos, signos e arquétipos; falava de emoções profundas e permanentes, como a sexualidade, a esperança (há quantidades imensas de esperança em suas letras), o sonho e a solidão. Por isso seu texto permanece, catorze anos depois.

Mas sua maior riqueza está na música, que ele também não sabia nem ler nem escrever. Talvez exatamente por isso, pelo desconhecimento das regras do jogo, Hendrix tenha subvertido tanto os conceitos musicais. Como uma criança, ele brincava; ruído, sujeira, distorção, tudo era música, cor, expressão para ele. O que os experimentos da música erudita de vanguarda incorporaram com precisão e cálculo, Hendrix adotou sem saber o nome ou a razão. Adotou porque havia, como ele mesmo dizia, imensas paisagens do céu e da Terra em sua cabeça, e muito poucos elementos para pintá-las.

Hendrix começou revolucionando a guitarra. Para ele, sua fiel Fender era um instrumento sem passado, sem código preciso de interpretação. Hendrix tocava com todo o seu corpo e com todo o corpo do instrumento: barra de trêmulo, pedal de wha-wha, microfonia, trastejadas, tudo era música em seus ouvidos. É claro que seus contemporâneos Clapton, Beck, McLaughlin são grandes guitarristas. Mas são guitarristas limpos, técnicos, que jogam pelas regras. Hendrix, o selvagem, jogava pela imaginação.

Os mundos de música que sua guitarra iluminou são muitos. Do conceito de *power trio* embutido na Experience, baixo e bateria calçando vôos de eletricidade pura, nasceu o *heavy metal*. A possibilidade de improviso que ele trouxe para o território até então fechado do rock já era *fusion*, jazz-rock e progressivo. Seu apego essencial ao blues — era blues, e apenas blues, o coração da música de Hendrix — e sua imensa curiosidade por tudo o que pintava de novo, de tecnologia avançada, antecipava a moderna música negra de hoje, onde tambores e *blue notes* estão nos sintetizadores e baterias eletrônicas.

Durante muito tempo se disse que Hendrix fechava-se em si mesmo, não deixava herdeiros, apenas um ou outro copista dedicado, como Robin Trower. Bobagem. Procurando cópia se acha cópia. De fato não surgiu nenhum guitarrista do mesmo ESTILO de Hendrix, mas o que era o estilo de Hendrix? Todo poder à imaginação, ruído e delírio. Muita gente aprendeu esta lição.

Hendrix está vivo hoje. Sua música, apesar de ter florescido numa das épocas que mais envelheceram com o tempo, o desbunde dos 60, ficou jovem para sempre. Porque ele era visionário e não tinha medo do novo. Há Hendrix, um pouco, em cada guitarrista que pintou depois de 1970: quem preza a

> "Cheghei ao fim de um ciclo. Voltei ao ponto de onde comecei. Dei a esta era tudo o que podia dar de mim, mas meu som é o mesmo, minha música é a mesma, e não consigo pensar em nada de novo para acrescentar a ela."

aventura e sabe que a música pode estar em qualquer lugar tem Hendrix nos dedos. Há Hendrix no *funky* preciso e tecnológico de Nile Rodgers e na metaleira incandescente de Eddie Van Halen. Há Hendrix, sobretudo, nesta vigorosa música negra contemporânea, que mistura todas as estações e aposta como ninguém no futuro. Hendrix, que, ao morrer, estava flertando com o jazz, provavelmente, hoje, estaria no fogo cruzado deste *crossover* onde brilha, reluzente, a figura de Prince — *flamboyant*, sensual e encapetado como ele.

(In Hendrix — Domador de Raios, *Brasiliense, Coleção Encanto Radical, 1984, São Paulo, SP.)*

A Herança de Jimi Hendrix

J. Ressner, da Rolling Stone

Desde sua morte em 1970, foram lançados nos EUA 18 álbuns póstumos de Jimi Hendrix. E seu catálogo é um dos de maior vendagem no vasto arquivo da Warner Music. Embora os números precisos sejam guardados ciosamente, calcula-se que este ano Hendrix venderá mais de 3 milhões de discos no mundo todo; e milhões serão gerados com venda de vídeos, camisetas, etc.

Em novembro passado, o duradouro legado comercial de Hendrix ficou evidente quando o falecido deus da guitarra finalmente recebeu uma estrela na Calçada da Fama em Hollywood. A homenagem atraiu mais de cem fãs para a esquina do Hollywood Boulevard com a Cherokee Avenue. O momento mais tocante foi quando o pai de Jimi, Al Hendrix, de 72 anos, recebeu a estrela com um breve e emocionado "obrigado". Olhando-o de longe estava o advogado Leo Branton Jr. De terno, Branton parecia deslocado em meio à platéia de garotos e hippies idosos. Branton contribuiu para desfazer a complexa confusão legal que se seguiu à morte de Jimi. Hoje, ele é o presidente da Are You Experienced? Ltd., companhia que supervisiona os negócios do falecido guitarrista em escala mundial. Dirigindo os negócios da Are You Experienced? encontra-se Alan Douglas, que chamou a homenagem de "degradante" e decidiu não comparecer.

Na Inglaterra três homens que tiveram papéis importantes na evolução artística de Jimi — o empresário Chas Chandler, o baixista Noel Redding e o baterista Mitch Mitchell — sentem-se isolados da assombrosa pós-vida musical do guitarrista. Eles se queixam de que não receberam a fatia justa do bolão financeiro posterior à morte de Jimi. Hoje, os três tentam retornar ao negócio musical com projetos relativamente modestos: Chandler está produzindo o cantor e guitarrista Steve Graham; Mitchell está planejando tocar nos EUA com o guitarrista Mick Taylor, e Redding tem uma banda em West Cork (Irlanda), e atua com Randy Hansen, sósia de Hendrix. Chandler, Mitchell e Redding hoje defendem seu ganha-pão trabalhando em ocasionais sessões de estúdio e com modestas apresentações aqui e acolá.

Finanças em frangalhos

Quando ainda vivo, Hendrix adotava uma atitude cavalheiresca em relação a contas bancárias e declarações sobre *royalties*. Na época de sua morte ele estava no auge de sua carreira, mas sua situação financeira estava em frangalhos. Apesar do sucesso em disco e de seus concertos que lotavam estádios, Hendrix devia grandes empréstimos tomados de sua gravadora, defrontava-se com uma série de ações legais potencialmente onerosas e era sempre depenado por seu empresário na época, Michael Jeffrey.

Jeffrey — que conforme se acredita morreu num choque de aviões em 1973 nos céus da França — era tão enigmático quanto seu cliente. Figura misteriosa e com mente ágil, Jeffrey teria ligações com o M 15 (serviço secreto britânico) e com a Máfia. Sabia-se que ele portava uma pistola 38 num coldre preso ao tornozelo e saltava de país para país levando maletas cheias de dinheiro. "Era um escroque", diz Chandler, que afirma que Jeffrey roubou-lhe os lucros de seus negócios comuns com Hendrix.

O agenciamento de Hendrix foi feito através de uma empresa da qual Jeffrey era co-fundador, a Yameta. Com matriz nas Bahamas, a Yameta era uma miscelânea de *holding companies* operadas por testas-de-ferro, trapaceiros, manipuladores do tráfico de influências políticas e outros tipos suspeitos. No acordo que fechou com a Yameta, Hendrix abriu mão de 40% de sua renda em favor da empresa situada no Caribe.

O próprio Hendrix não ganhava quase nada, aparentemente se sustentando com dinheiro que Jeffrey lhe dava. "Quando Jimi queria dinheiro, ele apenas telefonava para o escritório ou para os contadores, e o dinheiro ficava lá esperando-o", diz Mitchell. Ao que Redding acrescenta: "Ele não se

the
Cosmopolitan
DENVER, COLORADO 80202 ■ BROADWAY AT EAST EIGHTEENTH AVE. ■ PHONE 303/623-2181

Dear Sirs.

Here are the pitcures we would like for you to use anywhere on the L.P. cover .. preferably inside without the white frames around some of the B/w ones and with most of them next to each other (INSIDE) in diffrent sizes and mixing the color prints at diffrent points. for instance

Rough sketch of L.P INSIDE and OUTSIDE

Please use color pitcure with us and the kids on the statue for front or BACK COVER - OUTS COVE

And the other back or Front side (outsi cove) Please use three Good Pitcures of US. IN B/w or color

we would like to make an apolige for takeing so very long to send this but we have been working very hard indeed, doing shows AND Recording

yes sir!

WESTERN INTERNATIONAL HOTELS

importava com o pão. Se queria um carro, lhe davam um carro e ele ficava feliz."

Logo depois da morte do filho, Al Hendrix, jardineiro de Seattle que vivia modestamente, foi informado que o único dinheiro que ele podia esperar de imediato eram uns 20 mil dólares. Logo Al suspeitou do advogado e administrador do espólio de Jimi em Nova York, Henry Steingarten. Mais tarde, Al soube que o sócio de Steingarten estava representando os negócios de Jeffrey — o que suscitou indagações sobre conflito de interesses.

"Numa ocasião o advogado dizia que não havia muito dinheiro e na outra dizia que havia bastante", conta Al, que concluiu precisar de um advogado em quem pudesse confiar. Enquanto se achava em Los Angeles em 1971 para participar da cerimônia do Grammy — seu falecido filho fora indicado para um prêmio —, Hendrix foi apresentado a Leo Branton Jr. Os dois discutiram os problemas de recuperação do dinheiro dos vários negócios fechados por Jimi e selaram um acordo de cavalheiros.

Branton começou a tomar algumas medidas estratégicas no espólio de Hendrix: liquidou a participação de Jimi nos estúdios de gravação Electric Lady de Nova York e entrou com um punhado de ações na Justiça. Decidiu não averiguar a miscelânea da Yameta e, armado com a indignação dos justos, foi em frente com outros planos. Depois que Branton recuperou todos os bens do espólio, ele negociou sua venda à empresa panamenha Presentaciones Musicales S.A. (PMSA). A companhia concordou em pagar a Al Hendrix uma quantia não revelada pelos bens, conforme negócio que Branton chama de "anuidade vitalícia". Mas pessoas enfronhadas no legado de Hendrix indagam hoje se a venda foi uma medida sábia. "Fiquei sabendo que basicamente eles lhe deram uma bela casa e uma pequena contribuição financeira", diz Redding. Cálculos oficiosos sobre o negócio situam-no em uns 10 mil dólares mensais, talvez também com uma pequena participação nos lucros.

Uma semana depois da cerimônia na Calçada da Fama, Leo Branton falou sobre seu envolvimento com o espólio de Hendrix. No entanto, uma coisa ele não quer discutir: quem hoje é proprietário dos bens musicais de Hendrix. Um tanto ambiguamente explica que a empresa panamenha PMSA "se foi há muito tempo" e que os direitos de propriedade do material de Hendrix foram transferidos para "várias mãos" desde então.

"Atualmente, a Warner compra os direitos de licença de uma companhia holandesa chamada Elbar B.V., ao passo que os direitos na Europa são licenciados à Polydor por uma companhia nas Ilhas Virgens Britânicas chamada Interlit", diz Branton. "Como chegaram aí e tudo o mais é um assunto que não quero discutir porque envolve clientes." Embora Branton admita que não é diretor de qualquer das companhias e que a Elbar não pertence a americanos, isso é tudo que se dispõe a dizer.

Este ano, contadores da Elbar e da Interlit provavelmente estarão mais ocupados que nunca, graças a um número cada vez maior de projetos relacionados com Hendrix, já encaminhados: desde uma caixa chamada The Blues até uma exposição artística itinerante que mostrará quadros, fotos e vídeos. A força que norteia todas essas empreitadas é Alan Douglas, presidente executivo da Are You Experienced? Ltd. e guardião dos arquivos musicais Hendrix.

Veterano do ramo fonográfico, Douglas é uma figura controvertida na história de Jimi Hendrix. Ele conheceu o guitarrista durante a era Woodstock, quando eram vizinhos em Nova York. Criando uma rápida empatia com o jovem superastro, o produtor começou a atuar como conselheiro de estúdio e provador de drogas.

Depois que Hendrix morreu, o empresário Jeffrey, o engenheiro Kramer e o baterista Mitchell montaram algumas faixas gravadas em estúdio nas quais Hendrix viera trabalhando e, em 1971, lançaram-nas sob o título de *The Cry of Love*. Depois em 1974, um executivo da Warner perguntou a Douglas se ele não queria o cargo de supervisor das gravações de Hendrix. Douglas fechou um acordo para fornecer três "novos" álbuns e depois de se ligar a Branton, logo se tornou o catalisador de criação básico na carreira revivida de Hendrix.

Sem mistério

A Are You Experienced? Ltd. abriu as portas em 1983, com Douglas atuando como encarregado de tudo, desde novas caixas de gravações até a concessão de licenças para filmes e projetos de capas de álbuns. Quando não está correndo entre seus escritórios no Hollywood Boulevard e o estúdio próximo onde afina velhas fitas, Douglas despacha pilhas de ofertas de negócios e prossegue na interminável busca de carretéis de concertos raros.

Ele minimiza o véu de segredo que envolve a Interlit e a Elbar. "Não existe um verdadeiro mistério", diz Douglas, embora também ele se negue a citar nomes. "Quanto às pessoas que o compõem, trata-se de um grupo de gente que tem outros interesses, e este é provavelmente um de seus interesses menores. Não conseguimos gerar tanta renda quanto eles podem gerar no mercado de capitais."

Douglas parece se divertir um pouco com as perguntas sobre os investidores estrangeiros, mas seu humor muda rapidamente quando os insatisfeitos colegas de Hendrix são mencionados. O ex-sócio de Hendrix, Chandler, que possui 64 caixas de fitas originais mas não as cede, é um espinho na garganta de Douglas. "Chas Chandler que se dane, e você pode escrever que eu declarei isso", diz Douglas, contando como fracassou em sua tentativa de compra do material apesar da oferta generosa que fez, segundo suas palavras. (Chandler desmente que Douglas tenha feito tal oferta.)

Noel, Mitch e Chas não vão desistir facilmente. Com efeito, todos os três dizem que preparam meios para reabrir suas reivindicações ao legado de Hendrix. Dois dos mais chegados colaboradores de Jimi assinaram documentos abrindo mão de seus direitos, mas Redding argumenta que aquele acordo não previa a explosão dos CDs. Quanto a Chandler, ainda lhe restam 64 caixas de fitas resguardadas em seu cofre. "Elas me pertencem, e farei algo com elas no tempo certo", diz.

(Jornal da Tarde, 23 de janeiro de 1992)

Primeiro Instrumento: Uma Gaita

Jimi não teve educação musical e aprendeu a tocar guitarra quando estava na escola e no Exército. Ele ficava ouvindo discos e observando outros guitarristas tocarem. O blues foi naturalmente uma grande influência, e ele ouvia Elmore James, B.B. King e Muddy Waters. Também gostava de Bob Dylan.

"Meu pai dançava e tocava colheres. Meu primeiro instrumento foi uma gaita, que eu ganhei quando tinha 4 anos, eu acho. Depois foi um violono. Sempre curti instrumentos de corda e pianos. Então comecei a curtir a guitarra — era um instrumento que estava sempre à mão. Eu tinha 14 ou 15 anos quando comecei a tocar guitarra e me lembro da minha primeira apresentação, pela qual ganhei 35 centavos. A gente costumava tocar coisas de gente como os Coasters."

Em 1963, Jimi alistou-se no Exército americano, indo servir na 101ª Divisão Aerotransportada.

"Eu achei que iria ser convocado mais cedo ou mais tarde, então fui voluntário, para me livrar logo daquilo e poder me dedicar à música. E, quando me alistei, achava que deveria ir com tudo, então me alistei como para-quedista. Eu odiei o Exército logo de cara."

Com os pára-quedistas, Jimi fez 25 saltos. No 26º ele se machucou e foi dispensado.

Suas apresentações teatrais e as músicas de voodoo, deixavam a platéia em transe.

Depois de 14 meses servindo o Exército, Jimi passou muito tempo na estrada, tocando com diferentes bandas, de Nashville a Los Angeles.

"Eu estava tentando uma coisa minha, mas estava trabalhando com gente como Little Richard, os Isley Brothers e Wilson Pickett, e eles não gostavam muito daquele *feedback*."

Bob Dylan, os Beatles e os Rolling Stones na platéia

Jimi acompanhou músicos como B.B. King, Sam Cooke, Solomon Burke, Chuck Jackson e Jackie Wilson. Também trabalhou para Ike e Tina Turner, os Isley Brothers e a famosa *twist band* Joey Dee and The Starlighters.

"A primeira banda de verdade que eu formei foi em 1965, eu acho. Mudei meu nome para Jimmy James e chamei o grupo de Blue Flames — nada original, não é mesmo?"

"Quando comecei, eu gostava de qualquer coisa, de B.B. King a Muddy Waters, de Bach a Edddie Cochran. Mas não tentava copiar ninguém. Então, antes de ir pra Inglaterra, eu estava curtindo um monte de coisas que Bob Dylan estava fazendo. A primeira vez em que eu o ouvi pensei: "Você deve admirar um cara por ter a coragem de cantar tão fora do tom"."

O cantor e o guitarrista John Hammond Jr., e também o filho de um famoso crítico de jazz e blues, lembra-se quando ouviu Jimi tocar no Greenwich Village, em 1966:

"Jimi estava tocando numa espelunca chamada Café Wha, e eu entrei numa noite. Ele estava tocando uma de minhas canções. Gostou de me encontrar e perguntei-lhe como poderia ajudá-lo. "Me arranje alguma apresentação. Me tira daqui!", ele respondeu. Então arranjei para ele tocar no Café A Go Go e eu trabalhei lá com ele por um mês, com Jimi tocando guitarra solo. Bob Dylan, os Beatles e os Rolling Stones, todos foram lá ver a gente tocar. Então Chas Chandler o levou para Londres. Eu o vi logo depois, e ele havia se tornado um superstar."

Em Londres, naqueles tempos, qualquer coisa que os Beatles ou os Stones diziam sobre um artista ou estilo musical era aceito como verdade indiscutível, e o entusiasmo de John Lennon, Paul McCartney e Mick Jagger contribuíram muito para que artistas como Bob Dylan e James Brown fossem aceitos e reconhecidos na Inglaterra. Assim foi com Jimi Hendrix.

Quebra-Quebra e Cadeia na Suécia

No começo de 1968, o Jimi Hendrix Experience foi contratado para uma viagem de três dias à Suécia. O episódio que se sucedeu confirma as suspeitas dos gerentes de hotéis de que não se deve confiar em astros de rock. Foi um acidente infeliz, que possivelmente tornou Jimi mais glamouroso aos olhos de seus admiradores, mas teve um péssimo efeito sobre o guitarrista. Anos mais tarde ele iria referir-se a esse episódio na canção *My Friend*, do álbum Cry of Love.

Tudo aconteceu no Hotel Opelan, em Gotemburgo. No dia 4 de janeiro, noticiou-se que ele havia sido detido pela polícia por 12 horas, depois de "danificar seu quarto de hotel". Fotografias mostravam Jimi indo em cana, cabeça abaixada. Seu passaporte foi apreendido e Jimi passou a noite na cadeia. Mencionou-se que ele estava bêbado. Quando acordou, Jimi se desculpou e disse que pagaria os estragos (475 libras). Os jornais diziam que ele "estava tocando bateria no quarto, e então quebrou as janelas, espelhos e cadeiras". Durante a noite, hóspedes e funcionários do hotel ouviram gritos vindos de seu quarto. A polícia afirma que só prendeu Hendrix depois que três de seus colegas tentaram acalmá-lo.

Invenções do Gênio

Uma das características mais importantes do estilo de Jimi Hendrix foi sua capacidade fantástica de criar sons novos, e para isso ele usou e abusou dos efeitos especiais, apesar de na época esses equipamentos estarem apenas engatinhando. O truque mais comum, que Hendrix levou à perfeição, era usar o próprio alto-falante do amplificador para gerar microfonia (*feedback*). Dependendo da posição do guitarrista diante das caixas, o ruído aumentava ou diminuía, ao mesmo tempo em que era manipulado pela alavanca de tremolo. Para distorcer sua guitarra, Jimi empregava pedais de *fuzz* (principalmente o Big Muff e o Fuzz-Face), enquanto o som "espacial" era obtido com um *phaser* Shadow Box.

Até 1969, ele carregava também algumas unidades Leslie,

caixas acústicas dotadas de um pequeno motor elétrico que faz girar os alto-falantes em velocidade variável, alterando o timbre do instrumento. Naquele ano, Jimi adotou o Univibe, um aparelho eletrônico que simulava o mesmo efeito sem ter os inconvenientes de peso e tamanho enorme da caixa Leslie.

O Seqüestro

Noel Redding relembra que, depois de uma das inúmeras tentativas de romper seus contratos com Mike Jeffery, Jimi passou por uma cena de gangsterismo.

— Ele foi seqüestrado, colocado num saco e jogado num carro, que o levou para local desconhecido. Estranhamente, foi Jeffery quem o salvou. Teria sido este seqüestro armado para assustar Jimi, para mostrar o que aconteceria se insistisse em cair fora?

Numa outra ocasião, quando Jimi estava já com a Band of Gypsies, grupo que sucedeu o Experience, Noel testemunhou um incidente famoso entre os cultuadores da memória de Jimi Hendrix.

— Dia 28 de janeiro de 70 acontecia no Madison Square Garden, em Nova Iorque, um grande concerto pela paz. Mitch Mitchell e eu estávamos no *backstage* porque íamos entrar no fim do show pra fazer uma *jam* com os Gypsies. Jeffery também estava lá e vi quando deu um ácido ao Jimi. Talvez pensasse que isso iria levantar o astral de Jimi e fazer com que o show saísse melhor. Mas o resultado foi o contrário e Jimi pirou em pleno palco, dizendo pra uma garota na platéia: "Você está menstruada? Eu posso ver através das suas bermudas." Acho que o choque de ter dito isso fez com que se tocasse. Ele acrescentou: "Nós não estamos legais", e abandonou o palco no meio da segunda música.

A respeito das drogas, Mitch Mitchell abre o jogo:

— Elas controlavam nossa música, e sentíamos que devíamos estar chapados para tocar legal. Era um som perfeito pra viajar e uma boa viagem fazia com que os músicos projetassem um *feeling* que era justamente o que a platéia queria — não apenas boa música, mas também uma boa chapação — toda noite. Era ácido direto — nós estávamos viajando constantemente. Mas, se o ácido era a inspiração das letras, a anfetamina tocava nossa música. Numa excursão americana com Alan Price Set e Soft Machine, em fevereiro de 68, começamos a cheirar DMT (poderoso alucinógeno sintetizado de plantas mágicas usadas por índios americanos). Meses depois, tomamos as primeiras "pílulas de maconha", comprimidos de THC, o princípio ativo da *cannabis sativa*. Dia 27 de agosto de 68 voltamos aos estúdios para prosseguir a gravacão do álbum Eletric Ladyland e trabalhamos a noite toda loucos de anfetamina e coca, parando só às dez da manhã do dia seguinte. Jimi desejava ser experimental, mas a maior parte do tempo estava tão chapado e confuso que não sabia o que queria, e acabava mudando tudo milhões de vezes.

Woodstock

Um dos últimos momentos de glória de Jimi foi no Festival de Woodstock, em agosto de 1969. Meio milhão de jovens já tinham vivido seus "três dias de paz e música" quando chegou a vez de subir ao palco. Um imenso sol alaranjado iluminava a manhã de segunda-feira enquanto aquele deus negro de roupas exóticas arrancava ruídos torturados da sua guitarra — explosões de bombas, granadas, rajadas de metralhadoras, silvos de jatos e o ronco dos helicópteros na selva — em sua interpretação nada ortodoxa do hino nacional dos Estados Unidos, *The Star Spangled Banner*. O Vietnã estava a milhares de quilômetros de distância, mas Jimi Hendrix soube dar a sua mensagem com o poder da sua música.

Jimi Hendrix Experience

Em 1965, Hendrix tocava em clubes do Greenwich Village sob o pseudônimo de Jimmy James, quando Chas Chandler (ex-baixista dos Animals) o levou para Londres, onde formou o Experience, um *power trio* pioneiro, que aliava a guitarra de Hendrix ao baixo de Noel Redding e à bateria de Mitch Miller. Já com os primeiros singles — *Hey Joe* e *Purple Haze* —, logo seguidos do primeiro LP, Are You Experienced? Jimi conquistou a *swinging London* em 1967. No meio do ano, o Experience estava nos EUA, quando tocou no festival de Monterey, com Hendrix incendiando sua guitarra no final da apresentacão. Suas *performances* iam tornando-se cada vez mais selvagens, chegando a um ponto que Jimi começou a acreditar que o público acorria a seus concertos menos por seu som do que para ver as loucuras que praticava em cena. Tanto que, na segunda vez que Hendrix retornou a seu país natal — para promover o segundo LP do Experience, *Axis: Bold as Love* —, adquiriu uma postura muito mais sóbria, dedicando-se exclusivamente à parte musical. Foi nessa época que começou a construir seu próprio estúdio de gravação: o Eletric Lady, em Nova York.

No fim de 1968 foi lançado o álbum duplo *Electric Ladyland*, e em seguida Redding saiu do grupo, sendo substituído por Billy Cox, um antigo amigo de Hendrix nos tempos de caserna. No ano seguinte tocaram em Woodstock, onde Jimi destruiu literalmente o hino nacional americano, *Star Spangled Banner*, para depois emendar com um de seus solos mais antológicos (*Instrumental Solo*), momentos registrados no disco/filme Woodstock.

Pouco depois o Experience se dissolve, e Hendrix se afasta do cenário musical pelo resto de 1969, para retornar na noite de Ano Novo apresentando a Band of Gypsies — Cox no baixo e Buddy Miles (ex-Electric Flag) na bateria — em um show no Filmore East, em Nova York. Essa formação só durou alguns meses, e Hendrix recrutou Mitchell para a bateria novamente: com ele grava o seu último disco oficial, *Cry of Love*, e se apresenta no festival da Ilha de Whight, pouco antes de morrer, em Londres.

As Mágicas de Jimi

Mesmo reconhecendo ser impossível descrever a maior parte dos truques desenvolvidos por Jimi Hendrix, a revista americana "Guitar Player" resolveu fazer uma lista com as suas dez técnicas favoritas. Conheça-as:

1. *Presença no palco* — Seguindo uma tradição que tem mais de meio século de existência, Jimi reviveu e trouxe de volta à popularidade os truques de palco dos velhos bluesmen. Ele tocava sua guitarra atrás da cabeça e das costas e rolava com ela pelo chão como se estivessem fazendo amor. Sua marca registrada era tocar com a boca, usando os dentes

ou a língua. Ele tocava mesmo — não era só encenação. Jimi disse certa vez que a idéia surgiu "numa cidade do Tennessee. Lá você tem que tocar com os dentes senão eles atiram em você".

2. *Destruição como música* — Jimi teve a capacidade de usar musicalmente os sons produzidos por coisas como uma corda arrebentando, um amplificador derretendo ou uma guitarra sendo arremessada contra uma caixa acústica. Ele na verdade aperfeiçoou o que já havia sido feito um pouco antes por Pete Townshend, guitarrista do The Who, que por sua vez foi inspirado por "happenings" de artistas plásticos. No início da década de 60, alguns pintores de vanguarda estavam deixando os pincéis de lado para realizar "intervenções" que incluíam jogar um piano de um prédio e em seguida colocar fogo nos destroços. No começo de sua carreira, Jimi Hendrix quebrou e incendiou muitas guitarras, às vezes para obter um efeito diferente, às vezes de pura frustração por não conseguir o som que queria.

3. *Uso da alavanca de trêmolo* — Jimi usava a alavanca de suas Stratocaster para criar diversos efeitos que nem mesmo seus fabricantes haviam previsto. Segundo um técnico de som, ele costumava entortar a alavanca, deixando-a numa posição em que pudesse tocar com ela nas cordas, produzindo um som metálico. Ele também manipulava a alavanca com as duas mãos, batendo nela para obter efeitos percussivos.

4. *Uso de um "quinto dedo"* — Contrariando todas as técnicas habituais da guitarra, Jimi usava livremente seu dedo polegar para fazer acordes. Ele também costumava puxar as cordas velozmente para cima e para baixo no braço da guitarra com outros dedos, enquanto fazia uma pestana com o polegar.

5. *Técnicas de "slide"* — Ao contrário de outros guitarristas que usavam um cilindro de vidro ou metal para deslizar sobre as cordas, Jimi Hendrix preferia fazer isso com seus anéis. Ele também gostava de esfregar a guitarra no pedestal do microfone ou então passar o cotovelo nas cordas para criar um tipo de "slide".

6. *Truques de palheta* —

Embora normalmente segurasse suas palhetas com o polegar e o indicador, Jimi Hendrix costumava fazer alguns truques de mão, como um mágico. Filmes dele tocando mostram que de uma hora para outra a palheta desaparecia para que Jimi dedilhasse a guitarra, reaparecendo logo em seguida. Outros guitarristas fazem isso, e como eles Hendrix desenvolveu uma forma de alternar vários estilos de toque durante um mesmo solo. Para isso, ele dava um jeito de "guardar" a palheta, prendendo-a em seus anéis ou até mesmo usando uma fita adesiva colada provavelmente na palma de sua mão.

7. *Afinação* — Jimi costumava com muita freqüência mudar a afinação de sua guitarra bem no meio de uma música. Ele fazia isso intencionalmente para conseguir variações de tom no instrumento, efeito que ficaria comum alguns anos mais tarde com a introdução dos sintetizadores. Músicos que tocaram com Jimi recordam que desde os tempos em que era guitarrista de King Curtis ele já costumava usar afinações diferentes, embora não existam maiores evidências de que tenha continuado a fazer isso nos últimos anos de sua carreira.

8. *Uso dos controles da guitarra*—Jimi Hendrix controlava o volume e a tonalidade do seu som na própria guitarra, já que no amplificador todos os botões estavam sempre no máximo. Como usava a guitarra de cabeça para baixo, ele podia tocar as cordas com a mão, enquanto seu pulso atuava sobre os controles, aumentando e diminuindo o volume para fazer um efeito de "crescendo". Combinando essa técnica com mudanças rápidas na chave que liga os captadores, ele produzia o som que quisesse, do barulho do vento a uma rajada de metralhadora. Para conseguir ruídos ainda mais estranhos, Jimi puxava e raspava as molas que prendem as cordas no interior do corpo da Stratocaster.

9. *Uso do corpo da guitarra* — Jimi Hendrix tocava tanto nas cordas da guitarra quanto no próprio corpo do instrumento. Ele dava pancadas com seu punho nas costas da Stratocaster para obter harmônicos, ou sacudia a guitarra para causar vibrações que os captadores transformavam em sons. Jimi também envergava o braço do

instrumento para trás e para frente enquanto tocava, obtendo como resultado um vibrato selvagem, semelhante aos uivos de um animal. Às vezes, ele usava tanta força ao executar esse truque que a guitarra acabava ficando completamente empenada.

10. *Uso da eletrônica* — Além de pedais e efeitos de fita e de estúdio, Jimi usava a própria posição de seu corpo para alterar o som. Graças a um conhecimento adquirido em anos de experiências, sabia o local exato onde deveria se colocar diante de um alto-falante para obter o tipo de microfonia que desejasse. Sua técnica era tão refinada que ele era capaz de gerar *feedback* em apenas duas ou três cordas, modular e alterar o ruído, tudo isso ao mesmo tempo em que solava nas cordas restantes. Embora nunca tivesse estudado eletrônica, Jimi possuía excelentes noções das possibilidades sonoras que ofereciam os equipamentos à sua disposição.

Tudo isso, aliado a uma ânsia quase infantil de experimentar coisas diferentes, fez com que Jimi Hendrix abrisse novos caminhos para a guitarra, ampliando a linguagem do rock e elevando o ruído à categoria de música.

A Morte Solitária num Quarto de Hotel em Londres

Hendrix foi encontrado inconsciente no quarto de um hotel de Londres por sua namorada alemã Monika Danneman, na manhã de 18 de setembro de 1970. Levado às pressas por uma ambulância, morreu ao dar entrada num hospital de Kensington. Laudo do patologista: "Morte por sufocação causada pela inalação de vômito após intoxicação por barbitúricos." Na noite anterior, Jimi escrevera um poema que muitos quiseram interpretar como uma nota de suicídio. Terminava assim: "... a história da vida é mais breve que um piscar de olhos/ a história do amor é 'olá' e 'adeus' e até que voltemos a nos encontrar."

Mas o legista afirmou que as provas eram insuficientes para determinar que Hendrix se suicidou.

JIMI HENDRIX
DISCOGRAFIA

The Jimi Hendrix Experience

Hey Joe/ Stone Free. Polydor. Janeiro 1967

Purple Haze/ 51st Anniversary. Track. Março 1967.

The Wind Cries Mary/ Highway Chile. Track. Maio 1967.

Are You Experienced? (Track 2407010). 19 Maio 1967.

Foxy Lady, Manic Depression, Red House, Can You See Me, Love Or Confusion, I Don't Live Today, May This Be Love, Fire, 3rd Stone From The Sun, Remember, Are You Experienced.

The Burning of The Midnight Lamp/ The Stars That Play With Laughing Sam's, Dice. Track. Agosto 1967.

Axis: Bold as Love (Track 2407011). 24 Novembro 1967.

EXP, Up From The Skies, Spanish Castle Magic, Wait Until Tomorrow, Ain't No Telling, Little Wing, If Six Was Nine, You've Got Me Floating, Castles Made Of Sand, She's So Fine, One Rainy Wish, Little Miss Lover, Bold As Love.

Electric Ladyland (Track 2657012). 1968.

And The Gods Made Love, Have You Ever Been To Electric Ladyland, Crosstown Traffic, Voodoo Chile, Little Mis Strange, Long Hot Summer Night, Come On (Part One), Gypsy Eyes, The Burning of The Midnight Lamp, Rainy Day Dream Away, 1983 (A Merman I Should Turn To Be), Moon Turn The Tides Gently Away, Still Raining Stil Dreaming, House Burning Down, All Along The Watchtower, Voodoo Chile (Slight Return).

Jimi Hendrix (guitar, vocals), Noel Redding, Jack Cassidy (bass), Mitch Mitchell, Buddy Miles (drums), Steve Winwood (organ), Al Kooper (piano), Chris Wood (flute), Mike Finnegan (organ), Freddie Smith

No concerto do Hollywood Bowl, 1968.

(sax), Larry Faucette (congas).

All Along The Watchtower/ Long Hot Summer Night. Track. Outubro 1968.

Croostown Traffic/ Gypsy Eyes. Track. Abril 1969.

The Burning of The Midnight Lamp/ Let Me Light Your Fire. Track 1969.

Voodoo Chile. Track. Novembro 1970.

No Such Animal (Parts 1&2). RCA. 1970.

Angel/ Night Bird Flying. Track. 1971.

Gypsy Eyes/ Remember/ Purple Haze/ Stone Free. Track. Outubro 1971.

Johnny B. Goode/ Little Wing. Polydor. 1972.

Hear My Train A Comin'/ Rock Me Baby. Reprise. 1973.

Jimi Hendrix At The Monterey Pop Festival 1967.

Like A Rolling Stone, Rock Me Baby, Can You See Me, Wild Thing.

Fire/ Are You Experienced?. CBS. Setembro 1982.

The Concerts. CBS. Agosto 1982.

Sem o Experience

Band Of Gypsies (Polydor 2480005). 1969.

Who Knows, Machine Gun, Changes, Power of Soul, Message To Love, We Gotta Live Together.

Jimi Hendrix (guitar, vocals), Billy Cox (bass), Buddy Miles (drums).

Filmore East, New York. 31 de dezembro de 1969.

Cry of Love (Polydor 2408101). 1971.

Freedom, Drifting, Ezy Rider, Night Bird Flying, My Friend, Straight Ahead, Astro Man, Angel, In From The Storm, Belly Button Window.

Jimi Hendrix (guitar, vocals), Billy Cox (bass), Mitch Mitchell (drums), Buddy Miles (drums, Ezy Rider), Buzzy Linhart (vibes, Drifting), Stevie Winwood and Chris Wood (vibes, Ezy Rider).

Woodstock (WEA Cotillion 60001-triplo). 1969.

Star Spangled Banner, Purple Haze, Instrumental Solo.

Jimi Hendrix (guitar, vocals), Billy Cox (bass), Mitch Mitchell (drums).

Woodstock Two (WEA Cotillion 84004/5-duplo). 1969.

Jam Back At The House, Izabella, Got My Heart Back To-

“Na noite em que nasci juro que a lua se tornou um fogo vermelho.”

(in Voodoo Chile)

gether.

Woodstock, 1969.

Compilações Oficiais

Smash Hits (Track 1613 004). 1969.

Purple Haze, The Wind Cries Mary, Can You See Me, 51st Anniversary, Hey Joe, Stone Free, The Stars That Play Whith Laughin Sam's Dice, Manic Depression, Highway Chile, The Burning of The Midnight Lamp, Foxy Lady.

The Essential Jimi Hendrix (2LP) - Vol. 1. Polydor. Junho 1978.

Stone Free. Polydor. Agosto 1980.

10th Anniversary Box (6LPs). Polydor. Setembro 1980.

The Essential Jimi Hendrix - Vol. 2. Polydor. Fevereiro 1981.

Free Spirit - Vol. 1. Phoenix. Dezembro 1981.

Hey Leroy, Free Spirit, The House Of The Rising Sun, Something You Got, Let The God Sing, She's A Fox.

Voodoo Chile. Polydor. Julho 1982.

The Legendary Jimi Hendrix. Polydor. 1982.

Singles Album: Jimi Hendrix. Polydor. Fevereiro 1983.

Hey Joe, Stone Free, Purple Haze, The Wind Cries Mary, 51st Anniversary, Highway Chile, The Burning Of The Midnight Lamp, Stars That Play With Laughing Sam's Dice, All Along The Watchtower, Long

Hot Summer Night, Crosstown Traffic, Let Me Light Your Fire.

Re-Experienced. (2 LPs). Polydor. Maio 1983.

Hey Joe. Polydor. Outubro 1983.

Jimi Hendrix Live!. Polydor. Março 1984.

Kiss The Sky. Polydor. Novembro 1984.

Free Spirit - Vol 2. Thunderbolt. Junho 1987.

Good Times, Voices, Suspicious, Whipper, Bessie Mae, Soul Food, Voice In The Wind, Free Spirit.

Live At Winterland. Polydor. Julho 1987.

Prologue, Fire, Manic Depression, Sunshine Of Your Love, Spanish Castle Magic, Red House, Killing Floor, Tax Free, Foxy Lady, Hey Joe, Purple Haze, Wild Thing, Epilogue.

The Jimi Hendrix Concerts. Media Motion. Agosto 1989.

Cornerstones (1967-1970). Polydor. 1990.

Hey Joe, Purple Haze, The Wind Cries Mary, Foxy Lady, Crosstown Traffic, All Along The Watchtower, Voodoo Chile, Have You Ever Been to Electric Ladyland?, Star Spangled Banner, Steppin'Stone, Room Full Of Mirrors, Ezy Rider, Freedom, Driftin, In From The Storm, Angel.

Discografia oficial com participação de Jimi mas editada sem o seu acordo ou depois da sua morte (retratando o período 1962-65 — absolutamente desaconselhada).

In the Beginning (com The Isley Brothers). 1964.

Get That Feeling (com Curtis Knight). 1965.

Strange Things (com Curtis Knight). 1965.

Friends From The Beginning (com Little Richard).

Together (com Lonnie Youngblood). 1964.

The Greatest Original Sessions (2 LP).

Bandas Sonoras

Experience: Original Soundtrack (Ember NR 5057). 1969.

Sunshine of Your Love, Room Full of Mirrors, Bleeding Heart, Smashing of Amps. Royal Albert Hall, London, 18 de fevereiro de 1969.

Formação original do Experience.

More Experience (Phonogram 5061).

Rainbow Bridge Motion Picture Soundtrack (Reprise K44159). 1971.

Dolly Dagger, Earth Blues, Pali Gap, Room Full Of Mirrors, Star Spangled Banner, Look Over Yonder, Hear My Train A Comin', Hey Baby.

Mitch Mitchell, Buddy Miles (drums), Billy Cox (bass), Ghetto Fighters, Jimi, Ronettes (vocals), Juma Edwards (percussion).

Albuns realizados com "sobras" de estúdio

War Heroes (Polydor). Fevereiro 1972.

Bleeding Heart, Highway Child, Tax Free, Peter Gunn, Catastrophe, Stepping Stone, Midnight, Little Bears, Beginning, Izabella.

At The Isle Of Wight (Polydor 2302 016). 1970.

Midnight Lightning, Foxy Lady, Lover Man, Freedom, All Along The Watchtower, In From The Storm.

Jimi Hendrix (guitar, vocals), Billy Cox (bass), Mitch Mitchell (drums).

Hendrix In The West (Polydor 2302 018). 1970.

Johnny B. Goode, Love Man, Blue Suede Shoes, Voodoo Chile, The Queen, Sergeant Pepper's Lonely Hearts Club Band, Little Wing, Red House.

Mitch Mitchell (drums), Noel Redding and Billy Cox (bass). Berkely Community Center, San Diego Sports Arena e Isle Of Wight 1970.

Nota: O Jimi Hendrix Information Centre de Amsterdam informa que Red House, Little Wing e Voodoo Chile de *Hendrix In The West* não foram gravados em San Diego mas no Royal Albert Hall em fevereiro de 1969 e que o concerto foi em 24 de fevereiro e não em 18, como vem indicado no álbum.

Outras/ Diversas Compilações

Midnight Lightning. Polydor. Novembro 1975.

The Jimi Hendrix Experience: Backtrack Three (Track 99 Series 2407 003).

The Jimi Hendrix Experience: Backtrack Four (Track 99 Series 2407 004).

The Jimi Hendrix Experience: Backtrack Ten (Track 99 Series 2407 010).

Rare Hendrix. Enterprise.

1976.

Jimi Hendrix: Profile. Teldec. Dezembro 1981.

20 Golden Pieces - Vol. 1. Bulldog Records. Julho 1982.

20 Golden Pieces - Vol. 2. Bulldog Records. Novembro 1982.

Woke Up This Morning And Found Myself Dead. Red Lightnin'. Setembro 1982.

Roots of Jimi Hendrix. Phoenix. Outubro 1982.

Moods. Phoenix. Outubro 1982.

Cosmic Turnaround. Audio Fidelity. 1982. EUA.

Jimi Hendrix. Dakota. Outubro *1982.*

The Jimi Hendrix Album. Contour. Novembro 1983.

Gangster of Love. Topline. Janeiro 1986.

Replay on Jimi Hendrix. Sierra. Maio 1986.

Johnny B. Goode. Fame. Agosto 1986.

The Legend. Arcade Music. 1986.

Strange Things. Castle Showcase. Agosto 1986.

At His Best - Vol. 1-4. Joker. 1987/8. EUA.

Best Of Jimi Hendrix. EMI. Maio 1987.

Jimi Hendrix - Vol. 1-3. Audio Fidelity. 1984/8.

16 Great Classics. Big Time. Maio 1988.

Peel Sessions: Jimi Hendrix. 12 single. Dezembro 1988.

Radio One Sessions (2 LP). Rykodisc. 1988.

Jam Session. Koine. Fevereiro 1989.

Live And Unreleased — The Radio Show. Castle Collector Series. Novembro 1989.

Night Life. Thunderbolt. Abril 1990.

Álbuns Piratas

Live Experience 1967-68.

Live In Hawaii, Maui, 1970.

Jimi Hendrix Live at Los Angeles, Forum (duplo), 1970.

Sky High.

The Jimi Hendrix Experience With Ginger Baker.

Smashing Amps.

Live In Stockholm.

Morrison/ Hendrix/ Winter Jam.

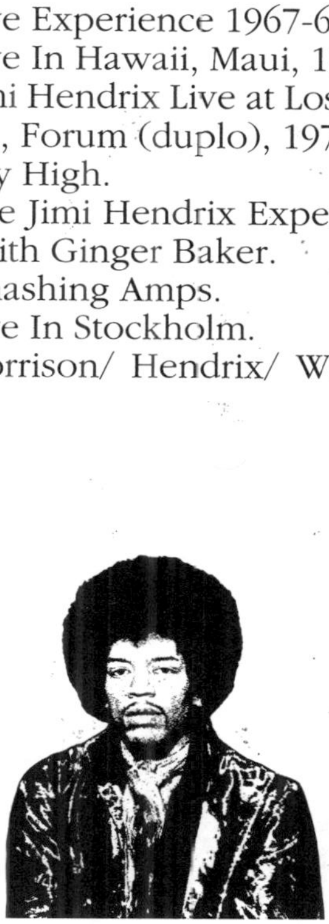

Enterro de Jimi Hendrix em Seattle, Washington, 1970.

JIMI HENDRIX
FILMOGRAFIA

Jimi Hendrix Experience: Peter Neal, 33 minutos.

Também conhecido como *See My Music Talking*. Principalmente uma colagem de entrevistas com trechos da apresentação no Opera House, Blackpool, 25 de novembro de 1967, e em Londres. O ponto alto é a execução de Jimi em *Getting My Heart Back Again*, usando um violão de doze cordas.

Video: 1987 - Palace Video

Jimi Plays Berkeley: Peter Pilafian, 55 minutos.

Trechos de ensaios e de apresentações em Berkeley, Califórnia, em 30 de maio de 1970. É interessante observar como Jimi parece diferente entre o primeiro e o segundo espetáculos. Um dos pontos altos é *Johnny B. Goode*, e *Machine Gun*.

Vídeo: 1971 - Palace Video (Inglaterra); Westron Music Video (USA)

Rainbow Bridge: Chuck Wein, 72 minutos.

O sincronismo e a reprodução do som não apresentam qualidade. O melhor número é uma apresentação de Jimi no Havaí, em 30 de julho de 1970.

Vídeo: 1971 - Hendring (Inglaterra), Rhino Home (USA)

A Film About Jimi Hendrix: Joe Boyd, 102 minutos.

Um documentário, com várias entrevistas, embora poucas com Jimi; boas cenas de vários concertos ao redor do mundo, incluindo a apresentação na ilha de Wight, em 30 de agosto de 1970.

Vídeo: 1973 — Warner Home Video.

Johnny B. Goode: Alan Douglas, 26 minutos.

Contém apresentações do Segundo Festival Pop de Atlanta, de 4 de julho de 1970. Jimi não está em plena forma.

Vídeo: 1985 — Virgin Music

Jimi no lançamento do filme: *How I Won the War*, 1967.

Video (Inglaterra), Sony (USA)

Jimi Plays Monterey: Don A. Pennebaker, 50 minutos.

Quase toda a apresentação do Experience no Monterey Pop, em 18 de julho de 1967, além de "Seargent Pepper's Lonely Heart Club Band", e "Wild Thing" ao vivo no Olympia de Londres, em 22 de dezembro do mesmo ano.

Vídeo: 1987 — Virgin Music Video

Woodstock 2: Michael Wadleigh, 90 minutos.

A música *Sky Church* tem a duração de dez minutos, nessa versão.

Vídeo: 1979 — Warner Home Video

Superstar In Concert: Peter Clifton, 104 minutos.

A fita contém vários artistas, entre os quais Jimi Hendrix, que ocupa cerca de 11 minutos. Uma parte já fora lançada no filme *Rock City and The Sound Of The City.*

Vídeo: 1989 — Telstar Video Entertainment

Jimi Hendrix Concert: 27 minutos.

Trechos misturados, sem nada a oferecer.

Vídeo: 1978 — Media-Home Entertainment Inc.

Filmes Piratas

Wake At Generation: Don A. Pennebaker.

Inclui uma sessão de improviso no Generation Club, de Nova York, numa manifestação em apoio a Martin Luther King.

The Last Experience: Steve Gold & Jerry Goldstein

Apresentação completa no Royal Albert Hall, em 24 de fevereiro de 1969.

Woodstock: O espetáculo completo, realizado em 18 de agosto de 1969.

Winter Festival For Peace: Michael Jeffery

Contém um trecho da apresentação no Madison Square Garden, em Nova York, em 28 de janeiro de 1970. Seria a última apresentação do Band of Gypsies.

Berkeley: Peter Pilafian

Duas apresentações completas, realizado em 30 de maio de 1970.

Atlanta: Segundo Atlanta Pop Festival completo, realizado em 4 de julho de 1970.

Randall's Island: New York Pop em versão completa, realizado no Downing Stadium, em 17 de julho de 1970.

Rainbow Bridge: Duas apresentações completas, realizadas no Havaí, em 30 de julho de 1970.

Isle Of Wight: O Festival da Ilha de Wight completo, realizado em 30 de agosto de 1970.

JIMI HENDRIX
BIBLIOGRAFIA

Jimi Hendrix - Robert Azderball, Verlag Azderball, Munique, Alemanha, 1971. Fotografias.

Jimi Hendrix - Ricardo Bertoncelli, Arcana Ediitrice Srl, Milão, Italia, 1989.

Jimi Hendrix - Alain Dister, Les Nouvelles Éditions Polaires, Paris, França, 1972.

Jimi Hendrix - Benoit Feller, Éditions Albin Michel, Paris, França, 1976.

Jimi Hendrix - Enzo Gentile, Multiplo Edizioni Srl, Milão, Itália, 1989.

Jimi Hendrix/ The Spirit Lives On... - Nona Hatay, Last Gasp of San Francisco, San Francisco, Estados Unidos.

Jimi Hendrix: Voodoo Child of the Aquarian Age - David Henderson, Doubleday & Company Inc., Nova York, Estados Unidos, 1978.

Jimi Hendrix/ Anthology - Jimi Hendrix, A. Schroeder Int. Ltd, Nova York, Estados Unidos, 1975. Músicas.

Jimi Hendrix: The Forty Greatest - Jimi Hendrix, Pearce Marchbank & Jonathon Green, Wise Publications, Londres, Inglaterra, 1975. Músicas e texto.

Jimi arrancou sons de sua guitarra que iam do tribalismo selvático ao lirismo tocante.

Jimi Hendrix - Jimi Hendrix, Ritter Music, Japão, 1977. Músicas.

Jimi Hendrix/ Note for Note - Jimi Hendrix, Richard Daniels, Cherry Lane Music Co. Inc., Nova York, Estados Unidos, 1980. Músicas e texto.

Original Hendrix - Jimi Hendrix, Steve Tarshis, Wise Publications, Londres, Inglaterra, 1982. Músicas e texto.

Jimi Hendrix/ Recorded Poems - Jimi Hendrix, Roger St. Pierre, International Music Publications, Woodford Green, Inglaterra, 1986. Letras de músicas e texto.

Jimi Hendrix/ Testi Con Traduzione a Fronte/ Con Una Testimonianza di Noel Reeding - Jimi Hendrix, Arcana Editrice Srl, Milão, Itália, 1987. Letras de músicas.

Instant Hendrix - Jimi Hendrix, Douglas J. Noble, International Music Publications, Woodford Green, Inglaterra, 1988. Letras de música e texto.

Are You Experienced? - Jimi Hendrix, Hal Leonard Publishing Corporation, Milwaukee, Estados Unidos, 1989. Músicas.

Axis: Bold As Love - Jimi Hendrix, Hal Leonard Publishing Corporation, Milwaukee, Estados Unidos, 1989. Músicas.

Electric Ladyland - Jimi Hendrix, Hal Leonard Publishing Corporation, Milwaukee, Estados Unidos, 1989. Músicas.

Brennende Gitarre/ 1st Jimi Hendrix Wirklich Tot? - Rudolf Herfurtner, Edition Pestum, Munique, Alemanha, 1980.

Hit & Run/ The Jimi Hendrix Story - Jerry Hopkins, Perigee Books/The Putnam Publishing Group, Nova York, Estados Unidos, 1983.

Jimi - An Intimate Biography of Jimi Hendrix - Curtis Knight, W.H. Allen, Londres, Inglaterra, 1983.

Jimi Hendrix - Don Menn, Player Corporation, Tóquio, Japão, 1977.

Crosstown Traffic/ Jimi Hendrix And Post-War Pop - Charles Shaar Murray, Faber & Faber, Londres, Inglaterra, 1989.

Jimi Hendrix/ A Biography In Words & Pictures - Tom Nolan, Sire Books/Chappell Music Company, Nova York, Estados Unidos, 1977.

Jimi Hendrix - Jesus Ordovas, Ediciones Júcar, Madri, Espanha, 1974.

Jimi Hendrix/ Electric Church/ A Visual Experience - Ron Raffaelli, The Visual Thing Inc., Beverly Hills, Estados Unidos, 1969. Fotografias.

Jimi Hendrix/ Nei Dintorni Del Paradiso - Saverio Rotondi, Edizione Leti Srl, Roma, Itália, 1972.

Jimi Hendrix - Der Letzte Auftritt/ Das Fehmarn Festival 1970 -Jürgen Rust, Cobra Verlag Hasum/Nordsee, Alemanha Oriental, 1988.

Jimi Hendrix - Dario Salvatore, Lato Side Editori Srl, Roma, Itália, 1980.

Jimi Hendrix/ An Illustrated Biography - Victor Sampson, Proteus Books Ltd, Londres, Inglaterra, 1984.

Jimi Hendrix/ Voodoo Chile/ Die Biographie Einer Rocklegende - Achim Sonderhoff, Gustav Lübbe Verlag GmbH, Bergisch Gladbach, Alemanha Oriental, 1981.

Hendrix / A Biography - Chris Welch, Ocean Books Ltd, Londres, Inglaterra, 1972.

A Vida de Jimi Hendrix - David Henderson, Espaço e Tempo, Rio de Janeiro, 1993.